윤제성의
# 월가의 투자

# WALL STREET

뉴욕 주식 시장 빅샷들이 찾은 금융 투자의 해법

## 윤제성의
# 월가의 투자

윤제성·김현석 지음

## INVESTMENT

한국경제신문

윤제성입니다. 저는 2013년부터 한 해에 몇 번씩 한국을 방문하고 있습니다. 제가 최고투자책임자(CIO)로 있는 회사에서 한국의 기관 투자자들과 함께 하는 비즈니스가 있기 때문입니다. 한국에서는 다양한 언론 매체와 지면 인터뷰를 하고, 기관 투자자를 위한 세미나에서 강연을 하기도 했습니다. 그러던 중 2021년 9월, 김현석 한국경제신문 특파원이 저를 인터뷰하기 위해 찾아왔습니다. 한국경제신문 특파원이 카메라를 가지고 와서 유튜브에 올리기 위한 인터뷰를 녹화했습니다. 처음에 한두 번 정도는 괜찮지 않을까 하고 진행했던 것이, 이후 인터뷰 횟수가 잦아지면서 다른 유튜브 채널과도 연이 닿게 되었습니다. 그렇게 기관 투자자, 자산 관리자, 개인 투자자를 비롯해 많은 한국인과 폭넓게 만날 수 있었습니다. 2021~2022년 많은 분과 이야기를 나누었는데 한국어 연습을 하고 싶었던 제가 늘 원하던 일이었고(그 덕에 지금 한국어 실력이 많이 늘었습니다), 다양한 질문을 받으면서 그분들의 생각을 읽을 수 있었습니다.

저는 한국의 투자자들이 미국 주식에 관심이 많다는 것을 알게 되었습니다. 더불어 많은 사람이 단지 인기 있는 주식을 사서 단기 차익을 실현하는 투자 전략을 추구한다는 사실도 깨달았습니다. 저는 그

분들에게 제가 알고 있는 지식과 시장 그리고 거시경제에 대해 공유하고, 1995~2000년 닷컴 버블이 전 세계를 휩쓸던 당시 제가 20대 초반의 새내기 투자자로서 닷컴 버블의 팽창과 붕괴에 올라탔던 트레이딩 경험을 들려드렸습니다. 저 역시 당시에는 단기 차익을 실현할 목적으로 인기 종목을 거래했습니다. 주식 매매를 통해 많은 수익을 올리기도 하고 손실을 보기도 했으며, 공매도를 시도하고 레버리지를 사용하기도 했습니다. 이 모든 것이 저에게는 좋은 경험이었지만, 이것이 장기적으로 수익을 올리고 은퇴를 대비해 돈을 저축하는 방법은 아님을 깨달았습니다.

장기적으로 수익을 올리기 위해서는 자신의 투자 철학을 세우고, 그에 따라 투자를 실행하며, 투자에 도움이 될 수 있는 거시적 환경과 테마를 이해해야 합니다. 월스트리트에 맞서 주식을 단기간에 매매하는 것은 장기적인 승리 전략이 아닙니다. 물론 단기적 승리에 즐거워할 순 있겠지만, 그것은 운이 좋았던 것일 뿐 그 승리가 장기적으로 반복될 가능성은 크지 않음을 알아야 합니다. 이는 카지노에 가서 도박을 하는 것과 같습니다. 카지노 고객 중에는 돈을 따는 개인이 있기 마련이지만, 대부분의 경우엔 카지노 측이 이깁니다. 이것이 카지노이고, 이것이 월스트리트입니다. 철학 없는 투자는 장기적 성공을 위한 반복 가능한 승리 전략이 아닙니다.

저는 이러한 견해를 유튜브 동영상을 통해 공유했습니다. 그러자 한국의 투자 애널리스트, 자산 관리자, 리서치 전문가들이 저에게 연락을 해 왔고, 저는 그들과의 대화를 통해 그분들이 한국에서 자산을 관리하면서 경험한 것들을 이해하는 혜택을 누릴 수 있었습니다. 또한 대화를 통해 제가 그분들에게 조금이나마 도움이 되고 있음을 알게 되었고, 그러던 중 한국의 다양한 개인 투자자들을 위한 책을 써달라는 제안을 몇 차례 받았습니다.

이에 저와 김 기자님은 지난 30년간 제가 월스트리트에서 일하며 쌓은 지식을 바탕으로 인터뷰를 진행하고, 인터뷰 내용을 책으로 쓰기로 했습니다. 저는 한국어 소통 능력이 부족한데, 김 기자님이 제가 아는 것을 한국어로 해석하여 저의 부족함을 보충해 줄 수 있겠다는 점에서 저에게 흥미롭게 다가왔습니다.

저는 이 책에 풀어놓은, 뉴욕생명 자산운용(NYLIM)의 CIO가 되기까지 제가 겪은 실수와 교훈이 투자를 시작하는 분들에게 조금이나마 도움이 되길 바랍니다. 물론 이러한 교훈과 성찰이 모든 이들에게 대단한 도움이 될 것이라고는 감히 생각하지 않습니다. 다만 저는 제가 공유하는 지식과 경험이 투자에 도움이 되고, 그분들이 단기적 수익을 위해 주식을 거래하는 데서 벗어나 투자를 바라보는 지평을 넓힐 수 있기를 바라는 마음으로 이 프로젝트를 시작했습니다.

또한 이 책에는 삶과 행복에 대한 개인적인 견해를 몇 가지 더하여 담았습니다. 우리 모두가 더 큰 사회의 일부이며, 우리가 속한 환경을 돌보지 않으면 돈은 진정한 의미를 잃고 만다는 사실을 아는 것이 중요합니다. 이런 점에서 저는 대한민국을 국가와 사회로서 소중하게 생각합니다. 그리고 우리 모두가 자신의 더 나은 삶을 위해 노력하는 동시에 주변의 어려운 이웃을 돌보고, 그들의 문제에 공감하며, 우리가 살고 있는 공동체에 무엇이 최선인지 고민할 수 있기를 바랍니다. 저는 그것이 역설적이게도 궁극적 의미의 이기적 사고라고 생각합니다.

우리는 일에서 성공하고 삶에서 번영하는 동시에 우리 사회의 미래를 돌보아야 합니다. 그 일에 제가 도움이 되기를 바랍니다. 제가 보람을 느끼는 일이니까요. 제 지식이 많은 분들에게 제대로 전달되지 않을 수도 있다는 생각에 겸허해지지만, 이 책에 담긴 저의 시도가 많은 분들에게 새로운 시각을 선사했으면 좋겠습니다.

저는 항상 새로운 일을 시도하기를 좋아하는데, 이 책이 한국에서 어떻게 받아들여지는지 지켜보면서 더 많은 배움을 얻을 수 있으리라고 생각합니다. 이 책을 읽으시고 제가 어떻게 하면 한국에 도움이 될 수 있을지 피드백을 주시면 감사하겠습니다. 현업에서 은퇴할 때까지 10년(희망하기는 20년)을 앞둔 지금, 어떻게든 모국에 보답할 길을 찾고 있습니다. 저는 항상 새로운 경험과 모험에 열린 마음을 갖고 있으며, 한 번도 마음에서 떠난 적이 없는 한국의 국민들께 도움을 주었다는 성취감을 느끼고 있습니다.

마지막으로 이 책을 저의 아버지께 바칩니다. 아버지는 열여덟 살의 어린 나이에 북한군의 손에 부친을 잃고, 어린 시절을 저당 잡힌 채 한 가정의 가장이 되어야 했습니다. 그리고 1950년 한국전쟁이 발발하자 전쟁의 참화 속에 내던져졌습니다. 아버지는 미군 의무 부대에 배속됐는데, 총을 들고 싸우기에는 너무 어렸던 탓에 구조대원으로 복무하며 2개의 무공훈장을 받았습니다. 아버지는 늘 자신이 미군 장병들의 조건 없는 도움을 받으면서 그들의 너그러움에 깊은 감명을 받았다고 말씀하셨습니다. 그리고 저에게 미국으로 건너가 학업을 계속하라고 권하셨습니다. 자신은 한 번도 미국에서 배움의 기회를 얻은 적이 없으나 자식인 저는 그 기회를 누려야 한다고 생각하셨던 것이죠. 또한 아버지는 제가 한국인이라는 사실을 잊지 말고 한국인들을 도울 수 있는 일이 있으면 언제든 기꺼이 나서야 한다고 거듭 말씀하셨습니다.

제가 한국에 대해 느끼는 모든 감정의 원천은 아버지입니다. 애국심이 강하고 너그러웠던 사나이, 항상 가족을 위해 일하느라 쉴 틈이 없었지만 책임감 있고, 사람들을 돌보며, 영웅 같은 삶을 살았던 아버지께 감사의 말씀을 드립니다.

윤제성

---

**편집자 주**

1~6장은 김현석 기자와 윤제성 CIO가 나눈 대담을, 7~8장은 독자들의 질문에 대한 윤 CIO의 답변을 실었습니다.

# WALL STREET

## INVESTMENT

# 1장

# 투자 기회가 넘쳐나는 미국 시장에 주목하라

미국 남부 텍사스주를 자동차로 횡단한 적이 있습니다. 50개 주 가운데 캘리포니아에 이어 두 번째로 큰 주입니다. 대한민국의 7배에 달하는 엄청난 면적이죠. 지평선을 바라보면서 10시간 넘게 달렸는데 끝을 알 수 없는 평야에 옥수수밭과 목초지가 펼쳐져 있었고, 군데군데 소와 말 떼가 평화롭게 풀을 뜯고 있었죠. 더 부러운 것은 곳곳에서 '펌프 잭(pump jack)'이라고 불리는 원유 채굴 장비가 움직이고 있었다는 겁니다. 광활한 평야와 비옥한 토지, 온갖 곡물이 무럭무럭 자랄 뿐 아니라 석유까지 펑펑 솟아나는 미국. 그곳에서 저는 '기회의 땅'이라는 걸 새삼 생각해봤습니다.

최근 몇 년 사이 미국 주식에 투자하는 한국 투자자가 크게 늘었습니다. 테슬라와 애플, 엔비디아는 모두에게 친숙한 주식이 됐습니다. 왜 미국에 투자하나요? 친구가 테슬라 주식을 사서 큰돈을 벌었다고 하니 덩달아 투자해야 할까요? 그런 것만은 아닙니다. 따져보면 미국에 투자해야 할 이유는 아주 많습니다.

펀더멘털상으로 미국은 정말 크고 잠재력이 있는 나라입니다. 국토 면적이 한국의 100배에 달하고 그중 90% 이상은 아직 개발되지도 않았습니다. 그런 땅에 수많은 자원이 묻혀 있죠. 세계 최대 석유 소비국인 미국은 2000년대 후반부터 셰일오일과 셰일가스 채굴을 본격화하면서 에너지 수출국이 됐습니다. 알래스카 같은 곳은 자연보호 차원에서 일부러 개발하지 않는데도 말이죠.

셰일가스가 나오는 셰일층은 전 세계 다른 나라에도 많이 퍼져 있습니다. 그러나 셰일오일과 가스를 상업적으로 채굴하는 나라는 미국뿐입니다. 이유는 간단합니다. 대부분 국가와 달리, 미국은 자원을 찾아내면 사유재산권을 인정해주거든요. 그러니 수십 년씩 매달려 셰일가스 채굴 방법을 찾고자 하는 사람들이 있었고, 마침내 '프래킹(fracking, 수압균열법)'이라는 희한한 기술을 개발해 채굴에 성공한 거죠. 뿌리 깊게 박혀 있는 자본주의 시스템이 그걸 가능하게 한 것입니다.

게다가 세계적인 대학들이 즐비하고, 전 세계에서 인재가 몰려듭니다. 그러다 보니 파괴적인 신기술이 태어나고, 혁신 기업이 지속해서 나타납니다. 아마존·구글·엔비디아는 1990년대, 테슬라·페이스북 등은 2000년대에 설립됐습니다. 엔비디아를 세운 젠슨 황은 타이완계 이민자이고, 테슬라의 일론 머스크는 남아프리카공화국에서 태어났습니다. 구글의 설립자 세르게이 브린은 러시아에서 건너왔고, 아마존 설립자 제프 베조스의 아버지는 쿠바계 이민자입니다.

미국 기업들은 세계 최대의 단일 시장, 그리고 효율성이 높은 자본주의 시스템 덕분에 마진이 대단히 높습니다. 뉴욕 증시에 상장된 S&P500 기업의 마진(net profit margin)은 11%를 넘습니다. 한국 KOSPI 기업들의 5% 남짓한 순이익률과는 차이가 크죠. 미국 기업들은 이렇게 번 돈을 주주에게 최대한 많이 돌려줍니다. 이익(earnings)이 조금이라도 늘면 배당을 늘리거나 자사주 매입에 나섭니다. 〈워싱턴포스트〉에 따르면 미국의 평균 대기업은 잉여현금의 54%를 자사주 매입에 쓰고, 37%는 배당에 씁니다. 그리고 9%를 임금 인상과 연구개발(R&D)에 사용합니다.

　이것이 미국 주식의 밸류에이션을 높이는 요인입니다. S&P500 지수의 주가수익비율(P/E)은 2023년 하반기 기준 19~20배 수준에 달합니다. 향후 12개월 예상되는 추정 이익의 19~20배 수준에서 주식이 거래되고 있다는 뜻입니다. 최근 10년간을 봐도 평균 17배 수준에서 거래되어 왔습니다. 한국 KOSPI의 10~12배와 격차가 크죠. 미국 증시가 지속해서 우상향해온 것도 이런 이유에서일 것입니다. 미국에선 일본의 '잃어버린 30년'이라든가, 한국의 '박스피' 같은 게 나타난 적이 없습니다.

미국 증시에 투자해야 하는 이유를 윤제성 최고투자책임자(CIO)와 짚어보겠습니다.

# 기축통화국이라는 지위

김현석  왜 미국에 왜 투자해야 합니까?

윤제성  핵심은 미국이 기축통화국이라는 점입니다. 전 세계가 미국 달
러를 씁니다. 기축통화를 찍어내는 나라인 만큼 세계에서 미국
의 신용도가 가장 높죠. 그래서 미국은 어디서든 낮은 금리로
쉽게 돈을 빌릴 수 있습니다. 다른 한편으로, 전 세계 국가들은
무역을 하거나 석유를 사려면 기축통화를 어느 정도 갖고 있어
야 합니다. 보유하고 있는 달러를 미국에 투자하거나 빌려주게
되죠. 미국 국채를 사고 부동산과 주식을 보유하는 겁니다. 그
러니 미국은 계속해서 저렴하게 차입할 수 있고 그 돈으로 성
장할 수 있어요. 모든 나라가 달러를 원하니까 달러 가치가 높
아서 해외의 상품과 서비스를 더 싸게 수입하고, 자국의 화폐로
무역을 하니까 환율 변동 위험도 피할 수 있어요. 기축통화국으
로서 그런 메커니즘을 갖고 있다는 게 굉장히 중요합니다.

김현석  세계 역사를 보면 기축 국가는 계속 바뀌어왔습니다. 미국의 기
축통화국 지위는 계속 유지될까요?

윤제성  저는 '유지된다'라고 답하겠습니다. 여기에는 여러 가지 이유
가 있어요. 가장 중요한 게 국가 안보입니다. 미국은 위쪽으로
캐나다, 아래쪽으로 멕시코와 붙어 있죠. 주변에 적국이 없다는

뜻입니다. 어떤 적국이 미국을 공격하려면 바다를 통해 와야 하죠. 그런데 미국 해군은 세계 최강입니다. 이런 해군이 지키는 태평양, 대서양을 건너 쳐들어갈 나라는 아마도 없을 것입니다. 제 생각에는 중국도 쳐들어오긴 어렵습니다. 미국이 해군뿐 아니라 가장 강력한 군사력을 갖추고 있으니까요. 국가 안보가 세계에서 가장 좋다고 볼 수 있어요.

두 번째 이유는 기술(technology)입니다. 세계 역사를 보면 스페인이 기축통화국일 때는 은(silver)을 얼마나 가졌는지, 얼마나 외교를 잘하는지 등이 중요했죠. 그다음에 네덜란드, 영국, 독일을 거쳐서 제2차 세계대전 이후 미국이 패권국이 됐습니다. 그 과정에서 가장 중요하게 떠오른 게 기술이었습니다. 미국은 원자폭탄을 가장 먼저 개발했고, 달에도 가장 먼저 도착했습니다. 반도체도 미국에서 태어났죠. 지금도 여전히 미국이 과학기술을 지배하고 있습니다. 반도체 제조 같은 건 한국·타이완·일본 등이 잘하고 있지만, 인공지능(AI)이나 클라우드 컴퓨팅, 퀀텀 컴퓨팅 등 혁신적이고 파괴적인 신기술은 미국이 계속해서 이끌어가고 있습니다. 미국에 투자해야 하는 이유로 그 두 가지가 굉장히 중요하다고 생각합니다.

김현석 달러가 계속 세계의 기축통화로 남을 것인지 의문이 커지고 있습니다. 미국의 쌍둥이 적자(재정적자, 무역적자)가 누적되면서 세계 중앙은행들이 외환보유고에서 달러 비중을 낮추고 금 등으로 다변화하고 있습니다. 국제통화기금(IMF) 통계를 보면 달러 비중은 2000년 약 70%에서 2023년 현재 50% 후반으로 떨어졌습니다. 그리고 달러가 전 세계 기축통화로 자리 잡은 건 사우디아라비아와의 페트로 달러(petrodollar, 원유 거래에서 미국 달러로만 결제하도록 합의한 것) 협정이 큰 계기가 됐죠. 그런데 2023년 사우디아라비아가 중국이 위안화로 원유를 살 수 있도록 양국 간에 합의했어요. 페트로 달러를 대체하는, 이른바 페트로 위안(petroyuan)을 인정한 거죠.

윤제성   제2차 세계대전을 거치면서 유럽 국가들은 폐허가 됐고 힘을 잃었습니다. 게다가 알베르트 아인슈타인 같은 핵심 인재들이

**⬇ 각국 외환보유고 내 달러 비중**

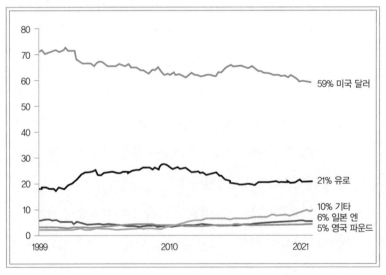

자료: IMF(국제통화기금)

미국으로 이민하면서 브레인 드레인(brain drain, 인재 유출)이 발생했고, 미국이 발전하면서 달러가 가장 강해졌죠. 그처럼 완벽했던 달러의 지배력이 지금은 좀 약화한 게 맞습니다. 쌍둥이 적자로 많은 달러가 풀렸죠. 특히 2020년 코로나바이러스 팬데믹이 발발한 뒤 미국 연방 정부와 중앙은행(Federal Reserve, Fed)이 경제를 살리겠다고 막대한 달러를 뿌렸습니다. 그래서 높은 인플레이션까지 생겼죠.

그러다 보니 다른 나라들은 달러 보유를 줄이는 대신 금을 사고 가상화폐도 사고 그럽니다. 특히 미국의 적국인 중국과 러시아는 미 국채를 지속해서 팔고, 대신 금을 사고 있죠. 서로 간의 무역에는 각자의 통화를 쓰기로 합의하기도 했습니다. 하지만 그다지 소용이 없었어요. 여전히 세계 무역은 대부분 달러로 이뤄지고 있습니다. 달러가 지난 수십 년간 기축통화로 자리하면서 강력한 네트워크 효과를 누리고 있기 때문입니다.

어떤 나라가 달러를 다른 통화로 대체하기로 한다면 많은 전환 비용을 지불해야 합니다. 게다가 기축통화를 뺏어갈 나라가 없습니다. 미국처럼 개방된 경제와 커다란 시장, 투명한 자본주의와 법치 체제를 갖추고 있어서 외국인들이 믿고 화폐를 많이 보유하려고 하는 나라가 또 있나요? 달러의 기축통화 지위는 다음 세기에는 모르겠지만, 제가 사는 동안에는 계속 유지될 것입니다.

**김현석** 미국의 경쟁력을 얘기하면서 군사적 우위를 강조하셨는데요, 투자하는 데 왜 이 점을 중요하게 고려해야 하나요?

**윤제성** 역사를 보면 고대 이집트는 사막 때문에 적이 침입해 오지 못해서 나일강을 중심으로 발전된 문명을 이루며 잘 살았습니다. 그 옛날에 거대한 피라미드까지 세웠잖아요. 그런데 로마제국이 쳐들어오는 바람에 하루아침에 무너졌습니다. 자기가 이룩한 부와 문화를 지켜야 하는데 그러지 못한 거죠. 한국은 한국전쟁 이후 지난 70년간 전쟁을 겪지 않았습니다. 미국의 패권이 동북아시아를 안정시켰고, 그래서 빠르게 성장할 수 있었습니다. 그런데 지금은 중국이 성장하면서 미국과 갈등을 빚고 있습니다. 전쟁이 터지지 않았으면 좋겠지만, 분쟁이 생길 가능성이 점점 커지고 있습니다. 이는 한국의 경제 성장에 걸림돌이 될 것입니다. 그래서 군사적 힘을 갖추고 부를 보호할 수 있는 나라에 투자하는 게 중요하다고 생각합니다.

**김현석** 미국이 테크놀로지를 계속 지배하고 있는데요. 왜 그런 혁신적 신기술이 미국에서 생겨날까요? 우연은 아니겠지요?

**윤제성** 셰일오일을 퍼내는 프래킹 기술 같은 혁신 기술들을 잘 살펴보면, 모두 조그만 스타트업에서 나옵니다. 구글·아마존·페이스

북도 모두 스타트업으로 출발했어요. 미국에서는 별별 기술을 개발하는 작은 기업들이 많습니다. 어떤 아이디어를 내서 개발하면 돈을 벌 수 있다는 확신이 있거든요. '아이디어만 있으면 돈은 따라온다'라는 믿음이 미국인들의 사고에 뿌리 깊게 자리 잡고 있습니다.

아까 말씀드렸듯이 전 세계가 미국에 투자하기를 바라기 때문에 미국에서는 자본에 쉽게 접근할 수 있고, 돈을 싸게 빌릴 수 있습니다. 자본을 쉽게 구할 수 있는 만큼 많은 사람이 기업을 시작할 수 있죠. 게다가 세계적인 대학 등 넓은 지식 기반(knowledge base)이 그 뒤를 받치고 있습니다. 또 투명한 법률 시스템이 있어서 물리적 재산뿐 아니라 지식재산권도 철저히 보호해줍니다. 그래서 시스템적으로 혁신적인 기술이 계속 미국에서 나올 것이라고 믿습니다. AI 붐을 보세요. 미국이 주도하고 있죠. 이는 또 다른 기술 혁신과 생산성 향상을 이끌 것입니다.

김현석 맞아요. 세계적인 대학들이 있고, 그곳에 세계 각국의 인재들이 몰려와 미국을 떠받치고 있습니다. 제가 실리콘밸리에서 성공한 한국 스타트업들을 많이 만났는데, 똑같은 아이디어로 한국에서 창업한 것보다 실리콘밸리에서 성공하면 10배, 100배 더 많은 돈을 벌 수 있다고 하더군요.

윤제성 그런 차원에서 중국을 보세요. 중국에서는 정부가 싫어하면 세계적인 기술 기업도 금세 흔들립니다. 최근 몇 년간 알리바바와

앤트그룹에서 일어난 일이 단적인 예입니다. 그런 일이 계속된다면 혁신적인 신기술이 지속해서 태어나기 어렵습니다. 중국이 미국을 대체할 패권 국가가 될 수 없는 이유 중 하나가 이런 점이라고 생각합니다.

## 뿌리 깊은 자본주의

**김현석** 중국 위안화가 미국 달러를 대체할 가능성은 어느 정도라고 보십니까?

**윤제성** 거의 불가능하다고 봅니다. 기축통화국은 세계로부터 신뢰를 받아야 합니다. 아는 중국인 친구가 있는데, "중국 부자들은 내 돈을 중국에서 어떻게 빼내 나올까 하는 게 가장 큰 고민"이라고 말하더군요. 중국인도 중국을 믿지 못하는데 외국인들이 위안화를 많이 보유하려고 할까요?

게다가 중국은 큰 문제를 하나 안고 있습니다. 인구가 급속히 줄어들고 있다는 겁니다. 중국만이 아니죠. 전 세계적으로 인구 증가세가 둔화하고 고령화되고 있어요. 그런데 미국은 상대적으로 훨씬 나은 상황입니다. 중국과 유럽 등 다른 주요 경제권은 향후 30년 동안 인구가 연간 0.2~0.3%씩 감소할 것으로 예

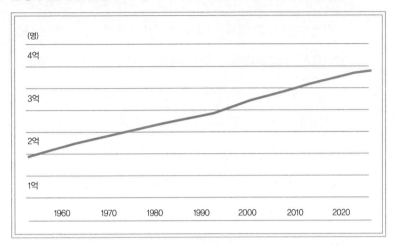

상하지만, 미국의 인구는 인도(연 0.6% 증가)나 세계 평균(연 0.7% 증가)보다 크게 뒤처지지 않는 수준으로 연 0.4%씩 성장할 것으로 추정됩니다. 중국보다 미국이 지속 가능한 성장을 위한 인구통계학적 균형을 갖추고 있다는 얘기입니다.

김현석 혹시 전 세계가 합의해서 '전 세계에서 통용되는 하나의 통화'라는 걸 만들 수 있지 않을까요?

윤제성 지금 세계는 글로벌라이제이션(globalization, 세계화)에서 디글로벌라이제이션(deglobalizaion, 탈세계화)으로 나아가고 있습니다. 지난 수십 년간도 그런 통화를 만들지 못했는데, 지금 만들 수 있을까요? 제 생각엔 달러가 더 강해질 것 같아요. 세계가 분열될수록 군사력이 더 중요해지죠. 앞서 말씀드렸듯이 미국은 세계 최대 군사력을 보유하고 있습니다.

탈세계화와 관련해서는 사실 한국이 좀 걱정됩니다. 지난 50년 간 미국이 힘으로 세계 평화를 유지해왔고, 한국이 그 혜택을 가장 많이 누렸습니다. 그런데 앞으로 탈세계화가 가속화되고 세계적인 분쟁이 발생한다면 한국은 미국과 중국 중 어느 하나를 선택해야 합니다. 그러면 과거처럼 성장하기가 어려울 수도 있어요. 물론 중국보다는 미국을 따라가는 게 맞겠죠.

**김현석** 미국의 자본주의 시스템이 내부적으로 흔들리고 있다는 지적도 있습니다. 몇 년 전 현대통화이론(Modern Monetary Theory, MMT)이 대두해서 꽤 인기를 끌었죠. 요약하자면 정부가 계속 돈을 찍어내서 뿌려도 괜찮다는 주장인데요. 여전히 민주당 내 진보파들은 그런 주장을 기반으로 학자금 대출 탕감 등 각종 아이디어를 내놓고 정책화하고 있습니다.

**윤제성** 맞습니다. 1990년대 빌 클린턴 전 대통령 때는 연방 정부의 재정적자가 감소했어요. 하지만 조지 W. 부시 대통령 때부터 재정적자가 조금씩 늘어나다가 버락 오바마, 도널드 트럼프 대통령을 거치면서 나랏빚이 급증했습니다. 2020년 팬데믹 때 경제를 떠받치기 위해서 재정적자가 급격히 불어났는데, 문제는 팬데믹이 끝났는데도 별로 줄어들지 않고 있다는 것입니다.

그래서 걱정스럽습니다. JP모건의 제이미 다이먼 최고경영자(CEO)와 래리 서머스 전 재무장관, 유명 투자자인 스탠리 드러켄밀러, 헤지펀드 브리지워터의 레이 달리오 같은 인사들도 급증하는 연방 정부 적자와 누적되는 부채를 걱정하고 있습니다. 하지만 걱정스러운 정도일 뿐 지금 뭔가 딱 문제가 생긴 건 아닙니다. 아직 그렇게 큰 문제는 안 보여요. 그리고 자본주의는 계속될 수밖에 없어요. 미국을 이루는 펀더멘털한 시스템이 자본주의입니다. 미국의 정치 시스템이 요새 대중영합주의(populism)로 망가져 가고 있다고는 하지만, 미 행정부와 의회가 서로 견제하는 기본적인 체제는 잘 유지되고 있어요.

## 크고 효율적인 단일 시장

김현석 미국 증시를 취재하면서 부러웠던 게 기업들의 마진이 높다는 점이었습니다. 일테면 S&P500 기업은 마진율이 11~12%에 달하는데 다른 어떤 나라 기업보다 높습니다. 10% 넘는 나라가 거의 없죠. 시장이 워낙 크고 브랜드가 좋은 데다가 투명한 경영이 이뤄져서 그런 게 아닌가 합니다.

윤제성 이렇게 말할게요. 한국 같은 나라를 보면 1인당 국내총생산(GDP)이 1만 달러에서 2만 달러, 3만 달러로 증가할 때 주가가 그 속도를 따라가지 못했습니다. 경제는 계속 성장하는데 증시는 옆으로 움직였죠. 주가가 그 나라의 경제 성장을 따라가야 하는데, 그러지 못한 겁니다. 그래서 주식 대신 부동산 같은 데 투자하는 것도 이해가 가는데요. 이건 기업이 번 돈이 어딘가로 새어 나가기 때문이라고 생각합니다.

한국만이 아닙니다. 제가 베트남 시장에도 투자해봤는데, GDP 가 큰 폭으로 성장하는데도 주가가 그만큼 따라가지 못합니다. 인도도 그렇습니다. 주식 시장이 그 나라의 경제 발전을 제대로 반영하지 못하고 따로 움직이는 거죠. 중국도 마찬가지입니다. 중국의 경제 발전을 주가가 대변하지 못합니다.

그런데 미국은 완전히 달라요. GDP 증가 속도보다 주식 시장의 시가총액이 더 빨리 늘어납니다. 왜 그럴까요? 미국 S&P500 기

**⬇ 미국 S&P500 기업의 증가하는 마진**

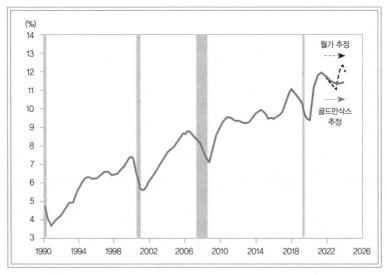

자료: 골드만삭스

업들의 매출(revenue)은 약 60%가 해외에서 발생합니다. 그러니 미국 GDP 성장 속도보다 시가총액이 더 빨리 크는 것이 이해가 되죠. 그래서 미국 기업의 주식을 사는 것은 미국을 사는 게 아니라, 전 세계의 경제를 사는 것입니다. 미국 회사 주식을 통해서 말이죠. 그리고 그렇게 돈을 벌면 주주에게 모두 돌려줍니다. 물론 탈세계화가 본격화되면 이런 점에서 약간 디스럽션(disruption, 혼란)이 생길 가능성은 있습니다.

**김현석** 기업의 수익성이 이렇게 높은 건 미국 시장이 크고 좋아서 그런 것 아닌가요? 미국 시장에서 어떤 사업을 하더라도 마진이 다른 데보다 더 높은 것 같아요. 미국은 하나의 커다란, 세계적으로 가장 큰 단일 시장 아닙니까? 과거에 국내 모 전자 회사 사장님이 제게 이런 얘길 했어요.

"유럽만 가도 독일·프랑스·영국·이탈리아 등 국가별로 규격이 다르고, 인증 같은 것도 마찬가지다. 유로존의 공통적 규제가 있긴 하지만, 국가마다 요구하는 추가 규제가 또 있다. 그래서 제품을 그런 인증, 규격, 규제에 따라 모두 따로 제작해야 하는데 그게 다 비용 증가 요인이다. 유통을 봐도 나라마다 강한 유통사가 따로 있다. 영국은 테스코, 프랑스는 까르푸, 독일은 알디 등 모두 다르다. 유럽 대륙을 장악한 유통업자가 없기 때문에 유럽 시장을 공략하려면 나라마다 특정한 유통업자들을 찾아다녀야 한다. 그런데 시장 규모가 유럽보다 훨씬 더 큰 미국은 규격과 인증도 단일하고, 유통도 월마트·코스트코·베스트바이·홈디포 등 서너 개만 뚫으면 된다. 이들은 미국 전역에 강력하고 효율적인 유통망을 갖고 있어서 시장에 쉽게 접근할 수 있다. 게다가 미국인들의 1인당 국민소득은 6만 달러를 넘고, 돈을 벌면 모두 소비한다. 저축률이 낮다. 그러다 보니 유통회사들도 마진이 높고 기업들의 마진도 다른 시장보다 높다."

**윤제성** 맞습니다. 정말 공감되는 얘기입니다.

━━━━━━━

**김현석** 지금까지 미국 경제에 투자해야 하는 이유를 말씀하셨는데, 간단하게 몇 마디로 정리해주시죠.

**윤제성** 첫째는 국가 안보가 튼튼하다는 겁니다. 미국에 돈을 가져다 놓으면 아무도 못 건드려요. 미국을 공격할 곳은 없습니다. 전쟁이 나면 부자가 가난해지고 가난한 사람이 부자가 되는 등 기존 질서가 뒤집히죠. 그런데 미국에 재산을 갖다 놓으면 그런 일이 없으리라는 뜻입니다. 미국이 지킬 테니까요. 둘째는 미국의 펀더멘털인 경제체제 자체가 자본주의여서 부의 형성과 혁신에 좋다는 겁니다. 셋째, 미국은 경제적 약점이 없어서 다른 나라에 의지할 이유가 없습니다.

한국은 아킬레스건이 뭘까요? 석유가 바닥나거나 가격이 크게 오르면 어려워지겠죠. 기름값이 배럴당 200달러가 되면 한국 경제는 하루아침에 어려워질 수밖에 없습니다. 어디 가서 누구한테 뺏어올 힘도 없죠. 그런데 미국은 식량은 원래부터 자급자족했고, 셰일오일 채굴이 본격화된 뒤로는 에너지도 해외에 의존하지 않습니다. 에너지 순수출국이 됐어요. 만약 세계에 혼란이 생기고 어지러워지면 에너지와 식량 가격이 오르겠죠? 그러면 대부분 나라에서는 구하는 것 자체가 어려워질 수도 있지만, 미국에선 여전히 구할 수 있을 것입니다. 그게 미국이 여타 국가와 다른 점이고, 그래서 미국에 투자해야 한다고 생각합니다.

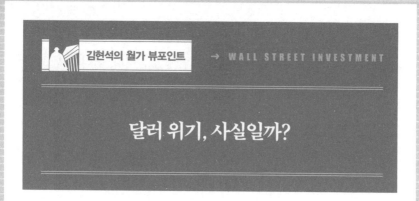

# 달러 위기, 사실일까?

미국 달러화의 기축통화 지위가 흔들리고 있다는 주장이 심심치 않게 나온다. 수십 년째 이어져 온 지적인데, 근래 세계 무역이나 투자에서 달러를 쓰지 않는 탈달러화(de-dollarization) 움직임이 거세지면서 힘을 얻고 있다.

그 중심에는 미국과 패권 경쟁에 나선 중국이 있다. 중국은 2023년 들어 러시아, 사우디아라비아, 브라질 등과 무역을 할 때 위안화 등을 사용하기로 합의했다. 브라질의 루이스 이나시우 룰라 다시우바 대통령은 2023년 4월 중국을 방문한 자리에서 "나는 매일 밤 왜 모든 나라가 달러에 기반해 무역 결제를 하는지 자문한다"라며 "달러가 세계 무역을 지배하는 상황을 끝내야 한다"라고 말했다. 크리스틴 라가르드 유럽중앙은행(European Central Bank, ECB) 총재는 그런 현상에 대해 "일부 국가는 중국 위안화 같은 대체 통화를 찾고 있거나 자체 결제 시스템을 구축하고 있다"라며 "달러의 기축통화 지위를 더는 당연히 받아들여서는 안 된다는 뜻"이라고 밝혔다.

특히 중국이 위안화로 원유를 살 수 있도록 사우디아라비아와 합의한 것은 상당한 의미가 있다. 이른바 페트로 달러를 대체하는 페트로 위안을 사우디가 받아들인 것이어서다. 사실 미국 달러가 기축통화 지위를 굳건히 유지해온 데는 페트로 달러의 역할이 컸다. 1945년과 1979년 두 차례에 걸쳐 미국과 사우디는 원유를 거래할 때 달러로만 결제하기로 합의했고, 이에 석유 수출국과 수입국들은 원유 구매 용도로 달러를 쌓아둬야 했다.

미국이 10여 년 전부터 달러를 국제 제재 수단으로 사용한 것도 탈달러화 현상을 부채질했다. 러시아는 2022년 2월 우크라이나 침범으로 강력한 제재를 받자 에너지를 루블화로만 판매하고 있으며, 이란·베네수엘라 등도 이런 흐름에 동참하고 있다.

미국이 막대한 쌍둥이 적자 속에 계속 달러를 찍어내고 있고, 연방 정부 부채한도(debt ceiling, 미국 정부가 궁극적으로 빌릴 수 있는 최대 금액) 상한 이슈로 국채 채무불이행(default) 가능성이 주기적으로 불거지는 것도 우려 요인이다. 2011년 8월 부채한도 문제가 터졌을 때 신용평가사 S&P는 미국의 신용등급을 강등했으며, 2023년 8월에는 피치가 신용등급을 낮췄다. 골드만삭스는 "지배적 기축통화 역할이 향후 몇 년 동안 계속 감소할 것"이라며 "중기적으로 달러가 약세를 보일 것"이라고 주장한다.

금 가격이 역사적으로 높은 수준인 온스당 1,900달러 안팎을 유지

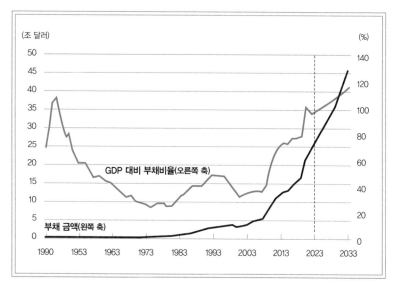

**급증하는 미국의 연방 부채**

(조 달러)                                                                    (%)

```
50                                                                    140
45                                                          ╎
40                                                          ╎         120
35                                                          ╎
30                                                          ╎         100
25                                                          ╎
20        GDP 대비 부채비율(오른쪽 축)                          ╎          80
15                                                          ╎
10                                                          ╎          60
 5    부채 금액(왼쪽 축)                                        ╎          40
 0                                                          ╎          20
                                                                       0
    1990  1953  1963  1973  1983  1993  2003  2013  2023  2033
```

자료: CBO(의회예산국)

하는 것도 달러의 이상 신호 중 하나로 풀이되고 있다. 금은 통상 미국의 금리가 상승하면 하락하지만, 최근 Fed의 긴축 속에 금리가 크게 올랐는데도 금값이 꾸준히 강세를 유지하고 있다. 일반적으로 금은 안전자산으로서 달러에 대한 헤지 수단으로도 쓰이는데, 점점 양극화되는 지정학 속에서 중국과 러시아 중앙은행 등이 달러 자산을 처분하고 금 보유를 늘리는 것이 강세 원인으로 꼽힌다.

달러 패권은 미국에 커다란 혜택을 제공해왔다. 달러와 미 국채에 대한 세계적인 수요가 미국 내 금리를 낮춰 미 정부와 기업, 소비자는 낮은 차입 비용의 혜택을 누려왔다. 수입품을 더 싸게 사들일 수 있었고, 기축통화국으로서 환율 변동에 따른 위험도 피할 수 있었다. 만약 기축통화 지위가 흔들린다면 세계 무역과 자본 시장 구조에도 큰 변화가 불가피하다.

하지만 월가는 그리 걱정하지 않는다. 달러의 절대적이던 지위가 흔들리고는 있지만, 기축통화 지위를 상실할지도 모른다는 우려는 시기상조란 분석이다.

우선 한 나라의 통화가 기축통화로 사용되려면 세계에서 쉽게, 널리 쓰여야 한다. 이는 결국 많은 외국인이 대량 보유할 의사가 있어야 한다는 뜻이다. IMF 통계(2022년 4분기)를 보면 달러가 각국 중앙은행 외환보유고의 약 58.4%를 차지하며, 유로가 20.5%, 일본 엔이 5.5%, 영국 파운드가 5%, 중국 위안이 2.7%로 뒤를 잇는다. 달러의 비중은 2000년 약 70%에서 현재 50% 후반으로 떨어졌지만, 여전히 다른 통화에 비해 보유율이 훨씬 높다. 또 달러의 가치는 지난 10년 내 최고 수준에서 거래되고 있으며, 외국인 투자자의 미 국채 보유량도 지난 몇 년간 계속 증가해왔다. 메릴은 "외국인들은 미국의 거대한 경제 규모와 유연성, 세계 최고의 군사력, 긍정적인 인구통계학, 개방성 및 회복력 등을 여전히 신뢰하고 있다"라며 "세계에서 가장 크고 풍부한 유동성을 가진 미국 자본 시장도 달러를 뒷받침하고 있다"라고 설명했다.

기축통화로서 달러를 대체할 뚜렷한 대안이 있는 것도 아니다. 도이치뱅크는 기축통화의 요건으로 첫째 외국인 투자에 개방된 경제,

둘째 개방된 채권 시장, 셋째 시장 환율의 수용, 넷째 법치에 대한 신뢰, 다섯째 정치 거버넌스 등을 꼽았다. 그러면서 "달러 외에 이를 모두 충족하는 통화는 찾기 어렵다"라고 분석했다.

예를 들어 중국 위안화는 통화 가치를 정부가 결정한다. 즉, 시장이 결정하는 변동환율제가 아니다. 인민은행이 매일 정하는 기준환율의 2% 범위에서만 거래가 허용된다. 채권 시장에 대한 외국인 투자도 제한되어 있다. 급격한 자본 유출과 금융위기 가능성을 고려해 개방을 꺼리고 있어서다. 위안화를 기축통화로 쓰려면 이런 위험을 고려해야 한다. 중국 국채 시장의 규모는 8조 9,000억 달러로, 22조 4,000억 달러에 달하는 미국의 40% 수준에 불과하다.

중국이 이런 여러 가지 단점을 극복한다고 하더라도 달러가 지난 수십 년간 구축해온 강력한 네트워크 효과를 이겨내야 한다. 달리 말해, 각국이 다른 통화로 바꾸려면 높은 전환 비용을 치러야 한다는 얘기다. 영국의 경제 리서치 회사 캐피털 이코노믹스는 페트로 달러를 페트로 위안이 대체한다는 분석은 거짓이라고 지적했다. 중국·러시아·중동 간의 무역이 증가하고 있지만 세계 무역의 2%에 불과하며, 대부분의 무역은 여전히 미국과 동맹을 맺은 국가들 사이에서 달러로 이뤄지고 있다는 것이다.

또 중국, 러시아, 중동은 모두 대규모 경상수지 흑자 국가이기 때문에 기축통화국이 될 수 없다고 분석했다. 기축통화국이 되려면 세계의 기축통화 수요를 맞춰주기 위해 경상수지 적자를 낼 수 있어야 한다. 물론 그러면서도 모두가 지속해서 신뢰할 수 있을 만큼 경제가 강해야 한다. 미국은 1975년에 마지막으로 무역흑자를 낸 뒤 지속해서 적자를 내고 있다.

# WALL STREET INVESTMENT

# 2장

# 미국에 투자한다면
# 무엇을 살까?

미국 경제를 취재하면서 정말 부러웠던 것 중 하나가 미국인들은 집을 살 때 30년 만기 고정금리 모기지(mortgage, 주택담보대출)를 쉽게 받을 수 있다는 사실이었습니다. 2020년 코로나바이러스 팬데믹이 터진 직후 Fed는 기준금리(Fed fund rate)를 제로까지 낮췄고, 30년 만기 모기지 금리는 2021년 초 연 2.7% 수준까지 떨어지기도 했습니다. 집을 사면서 30년간 고정금리로 2%대 이자를 낼 수 있다면 얼마나 좋을까요? 젊은 사람들이 쉽게 내 집 마련에 나설 수 있을 것입니다. 이런 30년 만기 고정금리 모기지가 존재하는 곳은 세계적으로 미국뿐입니다. 다른 어떤 나라에도 그런 모기지 상품은 없습니다. 어떻게 미국에서는 은행들이 그런 모기지를 내줄 수 있을까요?

답은 크고 잘 발달한 채권 시장 덕분입니다. 미국의 채권 시장은 무려 51조 달러 규모(2022년 기준)에 달합니다. 세계 2위인 중국(20조 달러)보다 2배 이상 큽니다. 경제 규모가 세계 1위인 데다 금융 산업이 잘 발달해 있어 국내 자본이 풍부합니다. 또 기축통화인 달러와 미국에 대한 신용이 높다 보니 다른 나라에서도 많은 투자자가 몰려듭니다. 그래서 30년 고정금리 모기지 채권을 사겠다는 수요가 있는 거죠.

채권 시장뿐만이 아닙니다. 미국의 증권 시장은 세계 시가총액의

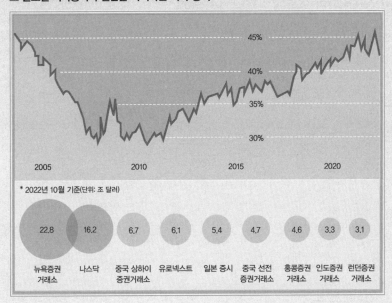

**⬆ 글로벌 시가총액의 절반을 차지하는 미국 증시**

45%

40%

35%

30%

2005　　　　　　2010　　　　　　2015　　　　　　2020

* 2022년 10월 기준(단위: 조 달러)

| 22.8 | 16.2 | 6.7 | 6.1 | 5.4 | 4.7 | 4.6 | 3.3 | 3.1 |
|------|------|-----|-----|-----|-----|-----|-----|-----|
| 뉴욕증권<br>거래소 | 나스닥 | 중국 상하이<br>증권거래소 | 유로넥스트 | 일본 증시 | 중국 선전<br>증권거래소 | 홍콩증권<br>거래소 | 인도증권<br>거래소 | 런던증권<br>거래소 |

자료: 블룸버그

40% 이상을 차지할 정도로 광활합니다. 코카콜라·맥도날드·보잉·엑손모빌·P&G·나이키 등 전통적인 기업뿐 아니라, 아마존·테슬라·엔비디아 같은 첨단 기술 기업이 지속해서 등장하고 있습니다.

　미국 금융 시장은 크고 넓을뿐더러 굉장히 다양한 상품이 존재합니다. 하나의 기업이 아니라 지수에 투자하는 ETF(Exchange-Traded

Fund, 상장지수펀드)가 처음 개발된 곳이 미국 시장입니다. 최근에는 전기자동차, AI, 기후변화, 로봇, 바이오 등 특정 산업과 추세에 투자하는 테마 ETF(Thematic ETFs)가 인기를 끌고 있습니다. 가끔 월가 금융사들이 2008년 글로벌 금융위기를 촉발했던 CDO(Collateralized Debt Obligation, 부채담보부채권) 같은 나쁜 상품도 만들어내지만, 이런 다양한 상품은 세계에서 몰려드는 각기 다른 투자자들의 욕구를 골고루 충족시켜줍니다. 미국 금융 시장이 지속해서 발전할 것으로 믿는 이유입니다.

## 주식: 개별 종목, 그리고 분산 투자에 유용한 ETF

**김현석**  미국에 투자해야겠다고 생각하는 사람이 있다면 무엇에 투자해야 할까요? 쉽게 투자할 수 있고 수익률도 높은 투자 대상은 뭘까요?

**윤제성**  주식이 제일 쉽죠. 크게 오를 수 있지만 내릴 수도 있어서 가장 위험하긴 하지만, 모든 자산 중에 가장 높은 수익률을 올릴 기회를 제공합니다. 또 구조 자체가 간단합니다. 돈을 잘 벌 것으로 생각되는 기업이 보일 때 그 주식을 사면 되니까요.

**김현석**  주식도 종류가 많습니다. 업종(sector)으로 봐도 S&P500 지수에는 11개 업종이 있고 쉽게 빅테크, 기술주(성장주), 가치주, 배당주 등으로도 나눌 수 있습니다. 또 한 종목을 살 수도 있지만, 요즘에는 다양한 ETF에 투자할 수 있습니다. 한국의 개인 투자자가 미국 주식에 투자한다면 애플 같은 주식을 직접 사는 게 바람직한가요, 아니면 ETF에 투자하는 게 나은가요?

**윤제성**  애플·테슬라·엔비디아 등 기술주 주가가 괜찮으니까 그걸 쫓아 매수하는 분들이 많은데요. 저에게 '투자를 한다'라는 의미는 한두 종목에 '몰빵'해서 대박을 기대하는 게 아닙니다. 그건 장기적으로 돈을 버는, 지속 가능한 방법이 아닙니다. 저도 젊었을 때 그렇게 해봤죠. 하지만 그건 운에 기대는 것이고, 어찌 보면 도박과도 비슷합니다. 투자하려면 기본적으로 포트폴리오를 짜야 합니다. 다양한 자산군에 투자함으로써 위험을 분산하고, 적당한 수준의 수익률을 오랜 기간 꾸준히 올리는 것을 기대하는 거죠. 개별 주식으로 그렇게 다양한 포트폴리오를 구성하려면 많은 공부가 필요합니다. 그래서 개인 투자자라면 ETF를 사는 게 좋다고 생각해요.

미국의 지수 ETF를 사면 유리한 점이 있습니다. 많은 나라, 특히 개발도상국에서는 주식 시장이 경제가 성장한 만큼 오르지 않아요. 미국은 증시가 광범위한 경제 변화를 잘 대표하는 몇 안 되는 국가 중 하나입니다. 기업들은 시장에서 자본을 조달하고, 투자자들은 그 주식을 삼으로써 경제 성장에서 나오는 이익을 충분히 누릴 수 있습니다. 미국의 채권 시장도 마찬가지입니다. 다양한 자본 시장의 구조를 잘 대변하기에 투자자들은 다양한 자산 클래스에 투자할 수 있어요.

## 채권: 안정적인 국채부터 하이일드 채권까지

**김현석** 방금 말씀하신 것처럼 주식은 많은 사람이 어느 정도 알고 있습니다. 그런데 채권은 국채(treasury bond)부터 시작해서 지방채(municipal bond), 회사채(credit), 하이일드 채권(high-yield bond), 부동산 모기지 채권과 구조화 채권(asset-backed or other structured credit)까지 다양합니다. 일반 투자자들에게는 좀 어려울 수도 있는데요. 채권 시장과 상품에 대해 알려주세요.

윤제성 미국 채권 시장은 규모가 크고 상품이 다양합니다. 우선 정부가 발행하는 채권, 즉 국채와 크고 우량한 기업들이 내놓는 우량 회사채가 대표적 상품입니다. 이렇게 국채나 우량 회사채를 사면 연 5% 안팎의 수익률(2023년 하반기 기준)을 안전하게 얻을 수 있습니다. 그 외에 주식 시장과 비슷하게 연 10% 수준의 높은 수익률을 기대할 수 있는 하이일드 채권 같은 것도 있습니다. 우량 기업보다 신용등급이 떨어지는 투기등급(non-investment grade) 기업들이 발행하는 회사채입니다.

기업이 채권을 발행하려면 무디스, S&P, 피치 같은 신용평가사에서 재무상태 등을 기초로 신용등급을 받아야 하는데요. 가장 높은 AAA부터 BBB등급까지를 투자등급(investment grade)이라고 하고, 그 아래인 BB등급부터를 투기등급이라고 합니다. 이들 투기등급 기업이 발행하는 채권을 하이일드 채권 또는 정크본드(junk bond)라고 합니다.

또 부동산을 담보로 한 모기지 채권 시장도 큽니다. 부동산 시장에 투자하겠다고 생각한다면 실물을 살 수도 있지만 채권 시장을 통해 모기지 채권에 투자해도 됩니다. 그중에는 시니어

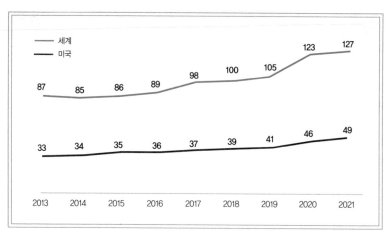

자료: SIFMA(미국증권산업금융시장협회)

(senior, 선순위) 채권도 있고, 메자닌(mezzanine, 중순위)과 주니어 (junior, 후순위) 채권도 있습니다. 채무불이행이 생겼을 때 선순 위는 가장 먼저 보호받지만 이자는 적습니다. 채권이 아니라 에 퀴티(equity, 지분)를 갖겠다면 우선주와 보통주가 있죠.

또 주 정부 등 지방 정부가 발행한 지방채와 인프라스트럭처 (infrastructure, 기반시설) 채권 시장도 있고요. 구조화 채권, 즉 자 산담보부채권(Asset-Backed Securities, ABS) 같은 것도 있습니다. 배나 항공기 같은 걸 채권으로 만든 거죠. 항공기를 담보로 한 채권 시장은 상당히 큽니다. 비행기 리스 회사는 이런 채권을 발 행해 그 돈으로 비행기를 산 뒤, 세계 항공사들에 비행기를 빌려 주고 이익을 얻습니다. 이렇게 채권 시장이 크고 다양하다 보니 수많은 투자자가 원하는 수준으로 위험과 수익률을 선택할 수 있습니다.

**김현석** 국채는 안전하지만, 수익률은 좀 낮은 편이죠. 그렇다고 하이일드 채권을 사기에는 지금처럼 경기 둔화가 예상될 때는 좀 위험하지 않을까요? 아무래도 경기가 나빠지면 기업 부도율이 높아지고 채권 수익률이 올라갈 테니까요. 수익률이 올라가면 이미 채권을 보유하고 있는 사람들의 채권 가격은 내려가잖아요.

**윤제성** 저는 괜찮다고 생각합니다. 요즘 금리가 높고 이자를 잘 주니까요. 저는 지금은 듀레이션(duration, 가중평균만기)을 좀 짧게 5년 안쪽으로 가져가고 있습니다. 금리 변동성이 예상될 때는 듀레

**◘ 채권 신용등급의 구조**

| 구분 | 무디스 / 21등급 | S&P / 21등급 | 피치 / 24등급 | 의미 |
|---|---|---|---|---|
| **투자<br>등급** | Aaa | AAA | AAA | 신용도 매우 높음 |
| | Aa1, Aa2, Aa3 | AA+, AA, AA− | AA+, AA, AA− | 신용도 높음 |
| | A1, A2, A3 | A+, A, A− | A+, A, A− | 신용도 양호하나<br>예외적 채무이행 가능성 저하 |
| | Baa1, Baa2, Baa3 | BBB+, BBB, BBB− | BBB+, BBB, BBB− | 신용도 적절하나<br>채무이행 능력 약화 가능 |
| **투기<br>등급** | Ba1, Ba2, Ba3 | BB+, BB, BB− | BB+, BB, BB− | 현재 채무이행 능력 있지만<br>부정적 여건 시 약화 가능 |
| | B1, B2, B3 | B+, B, B− | B+, B, B− | 투자 위험도 높음 |
| | Caa1, Caa2, Caa3 | CCC+, CCC, CCC− | CCC+, CCC, CCC− | 투자 위험도 매우 높고<br>채무불이행 가능성 높음 |
| | Ca | CC | CC | |
| | D(SD) | C | C<br>DDD, DD, D | 지급불능, 부도(디폴트) 상태<br>*SD: 선택적 디폴트 |

이션을 짧게 가져가는 게 위험을 낮추는 길입니다. 경기 침체가 올까 봐 평소보다 투자에 더 신중을 기하고 있는데, 길게 봐서 미국의 하이일드 기업은 그리 위험하지 않다고 봅니다. BBB 등급(투자등급 가운데 가장 낮은 등급) 기업이라고 해도 좋은 회사들이 많아요. 정크등급인 BB만 해도 괜찮은 기업이 많이 속해 있습니다. CCC등급 이하 기업이 제일 위험한 곳들이고, 망하는 기업들이 주로 여기에 속하죠.

그런 기업에 투자하는 게 싫다면 그런 기업을 빼고 투자할 수도 있습니다. 블랙록에서 운용하는 하이일드 ETF 중에 HYG(iShares iBoxx $ High Yield Corporate Bond ETF)는 하이일드 채권 전반에 투자하는 상품인데, HYBB(iShares BB Rated Corporate Bond ETF)는 BB등급의 하이일드 채권에만 투자합니다. 금리는 좀 덜 받지만, 위험은 적습니다.

요즘은 하이일드 채권 외에도 채권 시장에 기회가 많습니다. 인프라스트럭처 채권, 세금 혜택이 있는 지방채도 좋아 보입니다. 더 넓게 보면 사모 대출(private debt) 시장도 괜찮아요. 제도권 은행이나 채권 시장에서 돈을 구하기 힘든 기업을 대상으로 몇몇 큰손 투자자들이 돈을 모아 대출하는 시장인데, 2023년 기준으로 이자를 연 15% 안팎까지 받을 수 있어요. 물론 이 시장에 투자하려면 기본 투자 금액이 좀 커야 합니다.

# 원자재: 금속, 에너지, 농산물

**김현석** 석유, 기초금속 등 원자재에 투자하는 것은 어떻게 보십니까?

**윤제성** 다음 5년, 10년을 보면 세계적으로 지정학적인 위험이 좀 심각해질 것 같아요. 언제 어떻게 얼마나 심해질지는 모르지만, 중국·러시아·사우디아라비아·이란 등이 하는 짓을 보면 좋지 않은 방향으로 갈 것으로 생각합니다. 그러면 수십 년간 미국 주도의 세계화 속에 하나로 되어 있던 세계 경제권이 나누어질 수 있어요. 그렇게 예상한다면 원자재가 지금 싼 것 같습니다. 저는 지금 경기 침체를 걱정하고 있어서 당장은 아니지만, 제 포트폴리오에서 15% 정도를 원자재에 투자하려고 계획하고 있어요.

**김현석** 15%는 많은 것 아닌가요? 보통은 포트폴리오에서 원자재에 얼마나 투자해오셨나요?

**윤제성** 평상시 같으면 10% 미만, 5% 정도 투자합니다. 그런데 지금은 15% 정도 투자하고 싶은 거죠. 지금은 주식 밸류에이션이 비싼 편이어서 주식 비중을 좀 줄이고, 그중 일부를 원자재로 돌리고 싶습니다. 다만 이것도 투자 타이밍을 잘 생각해야 합니다. 경기 침체가 온다면 원자재 가격이 급락할 수 있어요. 저는 2024년까지 기다려서 경기 침체가 오는지 안 오는지 확인한 뒤에 원자재 편입을 결정하려고 합니다. 채권은 지금 금리가 높으니까 투자할 만하다고 생각하고요.

**김현석** 원자재도 다양한데요. 원자재 비중을 높이겠다고 한다면 주로 뭘 사나요? 에너지 관련 주식이나 리튬 광산을 가진 회사 주식을 사는 건가요?

**윤제성** 원자재 ETF를 사는 방법이 있죠. 그리고 에너지 분야라면 에너지 기업 주식을 사도 된다고 생각합니다. 주식을 사도 에너지를 보유한 효과가 납니다. 유가가 올라가면 에너지 기업의 주가도 따라 올라가니까요. 오히려 ETF보다 베타(beta, 벤치마크 자산 대비 변동성)가 높습니다. 유가가 상승할 때 ETF보다 개별 에너지 주식이 더 많이 오를 수 있다는 얘기죠. 구리나 금 같은 금속도 광업 기업의 주식을 사면 하이 베타(high beta)로 함께 올라갑니다. 저는 금 가격이 상승할 것으로 예상될 때는 GDX(VanEck Gold Miners ETF)와 함께 GLD(SPDR Gold Shares) 또는 IAU(iShares Gold Trust)를 삽니다. GDX는 금 광산 기업 주식을 추종하고, GLD와 IAU는 금 실물을 보유하는 ETF입니다.

농산물 쪽은 다릅니다. 곡물 등 농산물 가격이 올라간다고 해서 식품 회사 주식을 사면 안 됩니다. 식품 회사들은 상품 가격을 인상해서 혜택을 볼 수 있지만, 원자재를 조달하는 비용도 함께 커지기 때문입니다. 그래서 농산물 가격이 올라가면 식품 회사 주식이 하락하는 경우가 많아요.

**김현석** 그러면 농산물 가격 상승이 예상될 때는 어떻게 투자하나요?

윤제성  저는 농산물 가격이 강세를 보일 것 같으면 농산물 수출이 많은 이머징 국가(emerging countries, 신흥국) 주가지수를 삽니다. 즉, 브라질의 보베스파(BOVESPA) 지수 ETF 같은 것을 매수하는 거죠. 페루도 그렇고요. 페루는 세계적인 구리 수출국이기 때문에 구리 가격이 오를 때 EPU(iShares MSCI Peru and Global Exposure ETF)를 매수하는 등 페루에 대한 노출을 늘려도 괜찮습니다.

김현석  지난 코로나바이러스 팬데믹 초기에 국제 유가가 폭락했었죠. 2020년 4월에 유가가 마이너스 40달러까지 떨어지는 초유의 사태가 발생하기도 했습니다. 그때 유가 회복을 노리고 투자하겠다는 사람들이 많았어요. 세계 최대 원유 ETF인 USO(United States Oil Fund LP)에 많은 돈이 몰렸습니다. 하지만 그때 투자했던 사람들은 큰 손실을 봤죠. USO는 원유 현물이 아니라 선물에 투자하는 펀드니까요.

윤제성  맞아요. 원자재에 투자할 때는 항상 내가 사는 게 선물인지 아닌지 주의해야 합니다. 선물에 투자하는 펀드는 통상 근월물(near month contract)을 보유하고 있다가 만기가 다가오면 차근월물(next month contract)로 롤오버(roll over, 만기 연장)하는데요. 만약 선물 시장에 콘탱고(contango) 상태가 지속하면 손실을 보게 됩니다. 콘탱고는 근월물보다 만기가 뒤에 오는 원월물의 가격이 더 높은 상태를 말합니다. 그러면 보유한 근월물이 만기를 맞을 때 돈을 더 주고 비싼 원월물로 바꿔 타야 하므로 손실이 생기는 것입니다. USO가 대표적으로 그런 상품이에요.

## 부동산 직접 투자와 리츠를 통한 간접 투자

**김현석** 미국 부동산에도 관심을 두는 한국 투자자들이 많습니다. 투자할 만한 상품이 있습니까?

**윤제성** 부동산은 시장이 다양합니다. 우선 주거용 부동산 시장이 있고요. 상업용 부동산에는 상가와 오피스, 호텔, 창고와 물류센터, 데이터센터 등 자산이 다양합니다. 미국 주택 시장은 매물이 부족한 상태가 이어지고 있습니다. Fed가 2022년 3월부터 기준 금리를 지속해서 인상하면서 모기지 금리가 덩달아 크게 올랐는데요. 그래도 공급이 제한되어 있어서 주택 시장이 잘 버티고 있습니다.

미국 주택 시장에 투자하려고 한다면 주택을 짓는 기업의 주식에 투자하는 것도 괜찮다고 생각해요. ITB(iShares U.S. Home Construction ETF)라고 주택건설 업체 주식에 투자하는 ETF가 있습니다. 물론 이들 주가가 많이 올랐기 때문에 타이밍을 잘 따져봐야 합니다.

상업용 부동산은 전반적으로 좋지 않다고 보지만, 주로 망가지는 쪽은 오피스 빌딩입니다. 미국 기업들의 하이브리드 근무 형태(사무실 출근과 재택근무를 섞어놓은 것)가 이어지고 있는데요, 모기지 부채를 재융자받아야 하는 시기가 다가오면서 가격이 더 떨어질 위험이 있다고 생각합니다. 또 뉴욕시에서는 향후 5년에 걸쳐 '에너지 효율법(Energy efficiency laws)'이 점진적으로 시행되는데 에너지 효율이 좋지 않은 오래된 빌딩은 더욱 소외될 수 있습니다. 그에 비해 상가 쪽에서는 기회가 다가오고 있다고 봅니다. 10년 이상 어려웠으므로 이제는 조금씩 전환점이 오지 않을까 생각합니다.

그래서 저는 사이먼 프라퍼티 그룹(Simon Property Group, SPG) 같은 리츠(REIT) 주식을 지켜보고 있습니다. 미국 부동산에 투자할 때는 무슨 자산이냐도 중요하지만, 그 부동산이 어디에 있느냐도 잘 봐야 합니다. 땅이 굉장히 넓기 때문이죠. 예를 들어 뉴욕과 샌프란시스코는 부동산 시장 상황이 너무나 다릅니다. 지역이 어디냐가 부동산의 수익률에 큰 영향을 미친다는 점을 명심해야 합니다.

저는 부동산 전문가가 아닙니다. 뉴욕 부동산 시장에 대해 들은 것은 '앞으로 1년 정도는 좋지 않겠지만 조금씩 바닥이 보인다. 그래서 지금이 기회일 수 있다'라는 정도입니다. 왜냐하면 뉴욕은 전 세계 사람들이 다 좋아하기 때문이죠. 사이먼 프라퍼티는 미국 전역에 상가가 있어요. 만약 제 말을 듣고 뉴욕에만 투자하겠다고 한다면 SL그린(SL Green Realty Corp, SLG) 같은 주식을 사는 것도 좋겠죠. SL그린은 뉴욕시를 중심으로 오피스와 상가에 투자하는 리츠입니다.

다만, 기본적으로 한국 사람들은 전체 자산에서 부동산에 대한 노출이 크다고 봅니다. 그래서 저는 부동산 자산을 더 추가하는 방식은 추천하지 않습니다.

**김현석** 한국 기관 투자자들이 지난 몇 년간 대체 투자를 늘리면서 미국의 오피스 빌딩에 많이 투자했는데요. 오피스 쪽은 계속 좋지 않게 보시나요?

**윤제성** 우선 재택근무 추세가 이어지고 있어서 오피스 빌딩에 대한 수요가 구조적으로 줄었어요. 미국에서는 팬데믹 때 본격화된 재택근무가 계속해서 이어지고 있습니다. 그리고 뉴욕 맨해튼 같은 곳에는 새로운 고층 빌딩이 너무 많이 지어졌습니다. 지난 10년 새에 100층짜리 오피스 빌딩 5개가 완공됐을 정도죠. 그래서 세입자들이 새 빌딩으로 옮겨가면서 낡은 오피스 빌딩에 공실이 많이 늘어나고 있어요. 이런 추세는 당분간 이어질 것으로 보입니다.

# 세계 경제를 쥐락펴락하는 Fed

월스트리트가 가장 신경을 곤두세우는 이벤트 중 하나가 Fed의 움직임이다. 통화정책을 통해 기준금리를 높이거나 낮춰서 미국 경제와 시장에 큰 영향을 미치기 때문이다. 2008년 글로벌 금융위기 이후에는 양적완화(QE) 또는 양적긴축(QT)을 통해 채권 시장에 직접 개입해 모든 자산의 벤치마크 역할을 하는 미 국채 10년물 수익률을 조정하고 있어서 더욱 중요해졌다.

Fed는 구조가 특이하다. 단일한 국립중앙은행이 존재하는 세계 각국과 달리 Fed는 수천 개 민간은행이 출자한 12개 지역 연방은행과 이를 총괄하는 Fed 이사회, 그리고 통화정책을 결정하는 연방공개시장위원회(Federal Open Market Committee, FOMC) 등 3개의 핵심 주체로 구성돼 있다.

이는 역사적 배경에 근거한다. 미국은 중앙은행에 대해 뿌리 깊은 불신을 가진 나라다. 식민지 시절 영국이 중앙은행인 영란은행(Bank

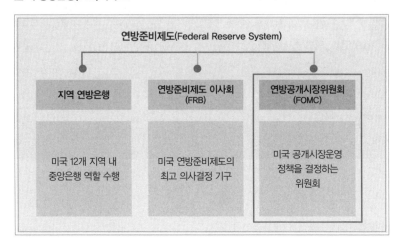

**미 중앙은행(Fed)의 구조**

연방준비제도(Federal Reserve System)

| 지역 연방은행 | 연방준비제도 이사회<br>(FRB) | 연방공개시장위원회<br>(FOMC) |
|---|---|---|
| 미국 12개 지역 내<br>중앙은행 역할 수행 | 미국 연방준비제도의<br>최고 의사결정 기구 | 미국 공개시장운영<br>정책을 결정하는<br>위원회 |

of England, BOE)을 통해 이익을 탈취해 갔기 때문이다. 미 중부와 남부에선 뉴욕의 은행 자본가에 대한 반감도 컸다. 그래서 1776년 독립전쟁에 승리하면서 출범한 초대 조지 워싱턴 행정부는 중앙은행을 만들지 않았다. 그 대신 정부가 신용을 근거로 화폐를 발행해 공급했다. 하지만 경제력이 미약한 신생 정부가 찍어낸 화폐 '콘티넨털'은 곧 신용을 잃었다. 당시 미국인들은 쓸모없는 일을 지칭할 때 '콘티넨털만큼의 가치도 없다'라고 말하기도 했다.

그러다가 1791년에 이르러 첫 중앙은행(The First Bank of the United States)을 설립했다. 이 은행은 지금 중앙은행 개념과는 다르다. 신용 확보를 위해 민간은행과 자본가들이 출자했고, 영국의 자본도 받아들였다. 최초의 실험인 만큼 20년간 면허를 주는 식으로 시작됐다. 이렇게 출범한 첫 중앙은행은 1811년 의회가 면허 연장을 부결해 사라졌다.

미 정부는 1815년 정부가 20%, 자본가들이 80%를 출자한 제2 중앙은행을 설립했으나 평민 출신으로 자본가에 대해 반감을 가졌던 앤드루 잭슨 대통령에 의해 1836년 또다시 폐지됐다. 잭슨 대통령은 은행을 없애려는 목적으로 예치했던 정부 돈을 갑작스레 인출했는데, 1837년 전국적 뱅크런(bank run, 대규모 예금 인출 사태)과 경제 공황이 발생하기도 했다. 이후 미국은 주 정부가 면허를 준 은행과 면허가 없는 민간은행들이 각자 자기 은행권을 발행해 유통했다.

이런 미국이 다시 중앙은행을 세운 건 남북전쟁 때였다. 1863년 에이브러햄 링컨 대통령은 군자금 조달을 위해 은행 자본가들과 타협하고, 정부권인 그린백(달러)과 함께 국립면허를 받은 은행이 발행하는 은행권(뱅크노트)을 화폐로 인정했다. 돈에 대한 수요가 증가하면서 국립은행은 수천 개로 불어났다. 곳곳에서 뱅크런과 은행 도산이 반복됐다.

가장 큰 뱅크런이 터진 건 1907년이었다. 뉴욕에서 세 번째로 큰 금융사였던 니커보커신탁이 주식 투자 실패로 도산하자 전국적 뱅크런이 일어났다. 이는 4년간의 공황으로 이어졌으며, 1907년 3%였던 실업률이 8%까지 치솟았다. 중앙은행이 없던 이 시기, 사태를 해결한 건 뉴욕에서 가장 부유한 은행가인 J. P. 모건이었다. 모건은 주요 은행들에 대한 지급 보증을 선언했고, 그가 끌어들인 미국 최고 부자 존 록펠러도 "전 재산의 반을 쓰겠다"라고 공언했다. 마침내 뱅크런은 막을 내렸다.

이런 쓰라린 경험은 미국이 전국적인 지급준비제도를 만드는 계기가 됐다. 민간은행들이 출자해 뉴욕·보스턴·필라델피아·클리블랜드·리치먼드·애틀랜타·시카고·세인트루이스·미니애폴리스·캔자스시티·댈러스·샌프란시스코 등 12곳에 지역 연방은행을 세우고, 이들이 참여하는 연방지급준비제도, 즉 Fed를 구성해 통화정책도 맡기고 뱅크런을 막기로 한 것이다. 1913년 연방준비제도법(Federal Reserve Act)이 의회를 통과함으로써 Fed가 탄생했다. 은행에 대한 불신 탓에 '은행'이란 말을 쓰지 않았으며, 뉴욕 은행가에 대한 반감을 고려해 본부도 워싱턴DC에 뒀다.

Fed의 역할은 첫째 최대 고용 및 물가 안정을 위한 통화정책 시행, 둘째 금융 안정성 확보, 셋째 금융사들에 대한 감독, 넷째 지급결제 시스템의 안전 및 효율성 촉진, 다섯째 금융 소비자 보호 등 다섯 가지다. Fed는 3개의 핵심 기구를 통해 이런 일을 하는데 12개 지역 연방은행과 Fed 이사회, 그리고 FOMC다. Fed는 이런 구조가 화폐 권력의 중앙집중을 피하고자 고안된 것이라고 홈페이지에서 밝히고 있다.

지역 연방은행은 1913년 당시 지역별 경제 규모에 맞춰 창설됐다. 다수가 동부에 몰려 있고 서부엔 하나밖에 없는 게 바로 이 때문이다. 각 지역의 민간 상업은행들이 출자해 만든 만큼 민간은행인 셈이며, 현재 미국 전체 은행의 38%인 1,600여 개가 회원사다. 미국 전역에서 영업하는 은행은 의무적으로 회원이 돼야 하며, 주 면허를 가진 은행은 일정 요건을 충족해야 가입할 수 있다. 지역 연방은행은 각각의 이사회가 경영한다. 아홉 명의 이사 중 여섯 명은 회원은행들이 뽑고, 세 명은 Fed 이사회가 지명한다. 이들은 '은행의 은행'으로서 각 지역에서 통화 유통과 지급결제 기능을 맡으며, 지역의 은행들을 감독한다. 또 '미국 정부를 위한 은행'으로서 재무부의 지급 처리를 대행한다.

Fed의 최고 의사결정 기구인 이사회는 일곱 명으로 구성된다. 모두 대통령이 지명하며 연방 상원이 인준한다. 임기는 14년으로 긴 반면, 연임은 불가능하다. 2년에 한 명씩 임기가 만료되는 구조여서 대통령이 되면 4년 임기 중 두 명을 새로 임명할 수 있다. 또 이사 가운데 의장과 부의장도 임명하는데, 임기는 4년이며 연임할 수 있다. 이사회는 금융 감독과 규제, 소비자 보호, 국가 지급결제 시스템 감독을 총괄한다. 또 각 지역 연방은행을 감독하고 일부 이사를 지명한다.

이사들의 중요한 업무 중 하나는 FOMC에 참여하는 것이다. FOMC는 통화정책을 실행하는 핵심 회의체다. 공개시장 조작, 할인율, 지급준비율 등 Fed가 사용하는 세 가지 통화정책 수단 가운데 공개시장 조작을 결정한다.

FOMC는 총 열두 명으로 구성된다. 이 중 일곱 명이 Fed 이사이며, 다섯 명은 지역 연방은행 총재들이다. 그중 가장 영향력이 큰 뉴욕 연방은행 총재는 당연직이며, 나머지 네 자리를 열한 명의 다른 총재가 약 3년에 한 번씩 돌아가며 임기 1년을 책임진다. FOMC의 정족수는 일곱 명이며, 적어도 한 명의 지역 연방은행 총재가 반드시 참석해야 한다. 과반수로 표결한다는 점을 고려하면 일곱 명의 이사가 사실상 결정권을 쥐고 있는 구조로 볼 수 있다. 이사들은 의장의 영향 아래에 있는 만큼 FOMC 결정에는 의장의 입김이 강하다고 볼 수 있다.

　FOMC는 매년 여덟 번 정례회의를 열어 기준금리를 결정한다. 기준금리는 Fed에 법적 지급준비금 이상을 예치한 금융사가 다른 금융사에 그 돈을 빌려줄 때 받는 하루짜리 이자율(overnight rate)이다. 이 금리가 미국의 시중금리와 자산 가격, 환율 등에 영향을 미치고 세계 경제에도 영향을 준다.

중앙은행에 대한 뿌리 깊은 불신이라는
역사적 배경에 의해 탄생한 Fed는
세계 경제에 큰 영향을 주고 있다.

# WALL STREET

## STREET

### INVESTMENT

# 3장

# 탈세계화의 시대, 이기는 투자법

쇼핑을 할 때면 사고 싶은 물건의 가격을 비교하고 몇천 원이라도 싼 곳을 찾아서 주문합니다. 그렇게 돈을 조금씩 모아 투자합니다. 그런데 투자를 잘못하면 몇백만 원, 몇천만 원이 순식간에 사라집니다. 아는 사람이 "○○ 주식이 오른대"라고 하면 솔깃해서 덩달아 샀다가 종종 그런 일을 맞게 됩니다. 항상 벌기만 한다면 좋겠지만, 투자라는 게 그렇게 만만한 일은 아닙니다.

투자를 잘하려면 알아야 할 것이 많습니다. 지켜야 할 원칙도 있고요. 그래서 전문적인 투자자에게 돈을 맡기기도 합니다. 하지만 그런 상황에도 세계 경제가 어떻게 돌아가는지, 내가 맡긴 돈이 어떤 자산에 투자되는지, 어떤 자산군이 미래에 유망할지 등 기본적인 지식은 알고 맡기는 게 수익률을 높이는 방법입니다.

## 단기투자할 때는 현금흐름 모멘텀을 봐라

**김현석** 미국 주식에 투자하려고 마음을 먹었다면, 이제 무엇을 알아야
할까요? 뭘 알아야 미국 주식에 투자할 준비가 어느 정도는 끝
났다고 볼 수 있나요?

**윤제성** 투자하려는 기업의 재무제표와 공시를 찾아보고, 주가의 밸류
에이션을 살펴보고, 뉴스를 업데이트하는 것은 당연하겠죠. 너
무 뻔한 말인데, 그에 앞서 자기 자신을 먼저 알아야 합니다. 내
가 뭘 잘할 수 있는지 나의 장점과 한계를 아는 게 중요합니다.
그게 뭔지 모른다면 투자해선 안 돼요. 무엇보다 공부를 해야
합니다. 주식을 잘 고르는 능력을 키워야 하겠죠. 경제를 알고,
산업을 알고, 시장이 어떻게 돌아가는지 알아야 합니다. 남들이
좋다고 해서 덥석 따라 사는 것은 제대로 된 투자 방법이 아닙
니다.

그리고 투자는 1~2년 하고 마는 게 아니라 10년, 20년씩 지속
해서 하는 것입니다. 그러려면 언제 사고 언제 팔지에 대한 나
만의 거래 원칙을 세우고 그 원칙을 철저하게 지켜야 합니다.
올해 돈을 많이 벌었다고 해도, 내년에도 잘 벌 수 있으리라고
장담할 순 없기 때문입니다.

**김현석** 제가 어떤 업종을 잘 안다면, 그쪽에만 투자해야 하는 건가요?

**윤제성** 저는 주식에 투자할 때 두 가지로 나눕니다. 장기적으로 보고 길게 투자하는 종목, 그리고 좀 더 단기적으로 트레이딩하는 종목으로 나누죠. 길게 가져가는 기본 포트폴리오 종목들이 있고, 제가 '투기적 시장(speculative market)'이라고 부르는 좀 위험한 주식들이 따로 있는 거죠. 그런 위험한 주식은 추세를 보다가 좀 싸졌을 때 단기로 투자하는데 그런 방법을 통상 '모멘텀 투자(momentum investing)'라고 합니다. 전체 투자 금액의 10~15% 정도는 그렇게 운용해도 된다고 생각해요.

**김현석** '단기적으로 뭘 트레이딩해야겠다'라는 모멘텀을 어떻게 찾으십니까?

**윤제성** 여러 가지 방법이 있을 텐데요. 저는 5년 현금흐름 모멘텀(cash flow momentum in 5-year horizon)을 봅니다. 어느 주식 또는 어느 업종에서 5년 현금흐름 모멘텀이 좋은 방향으로 향하고 있다든지, 또는 내려갔다가 다시 회복한다든지 하는 움직임을 찾아서 투자하죠. 최근 그렇게 찾아서 모멘텀 투자를 한 게 에너지 업종이었습니다.

에너지 주가는 지난 10년 가까이 계속 떨어지기만 했는데, 도널드 트럼프 전 대통령 때 미국 연방 정부가 에너지 쪽을 많이 지원했습니다. 신규 채굴 허가를 내주고, 파이프라인 공사도 승인해줬습니다. 그때는 그쪽으로 돈이 많이 풀려서 원유 생산량이 증가하니까 국제 유가가 더 낮아졌습니다. 에너지 업종의 현금흐름이 좋지 않았죠. 그러다가 2021년에 조 바이든 행정부가 들어섰어요. 바이든 행정부는 트럼프 행정부와 달리 셰일오일 등 화석연료 채굴을 막았습니다. 그때부터 유가가 올라갔어요. 채굴을 막으면 공급량이 줄어들 테니까요.

에너지 업계의 현금흐름 모멘텀이 바뀐 게 2021년 초부터입니다. 저는 2021년 9월부터 에너지 주식을 사 모으기 시작했습니다. 그리고 1년 뒤인 2022년 9~10월께에는 충분히 수익률을 낸 데다, 경기 침체가 올 가능성이 있다고 생각해서 정리했습니다. 불황이 오면 에너지 가격은 내려가니까요. 제가 판 이후에도 에너지 주가는 좀 더 올랐는데, 제가 예상했던 경기 침체가 아직 오지 않았기 때문이죠.

**김현석** 불황이 오지 않는다고 생각한다면 지금 에너지 주식을 사도 될까요?

**윤제성** 지금은 에너지 회사들의 현금흐름이 꺾이고 있어요. 그래서 지금은 사면 안 된다고 생각합니다. 이익이 나쁜 것은 아니지만 줄어들고 있어요. 이런 추세가 바뀌는 걸 확인해야 합니다. 지금으로서는 어디까지 감소할지 잘 모르겠습니다. 6개월이 걸릴지 1년이 더 걸릴지 알 수 없는 상황이에요. 이렇게 주식에 투자할 때는 현금흐름을 보는 게 매우 중요합니다. 현금흐름 펀더멘털을 알아야 합니다. 업종을 보든, 주식을 보든 마찬가지입니다.

저는 에너지 투자를 할 때 에너지 ETF를 사고팔았습니다. 사실 한두 주식을 사는 건 위험할 수도 있어요. 회사별로 특정한 이슈가 발생할 수 있거든요. 투자하려면 그 회사를 정확히, 세세하게 알아야 합니다. 그런데 그걸 공부할 시간이 없으니 ETF를 통해 에너지에 투자한 거죠.

**김현석** 주식을 고르는 데 가장 중요한 게 현금흐름입니까?

**윤제성** 기본적으로 P/E 등 밸류에이션을 봐야 하죠. 월가 애널리스트들의 향후 이익 전망치에 기반한 것입니다. 거기에 더해서 볼 것이 이런 5년 현금흐름 모멘텀, EBITDA(Earnings Before Interest, Taxes, Depreciation, and Amortization, 법인세와 이자, 감가상각비 차감 전 영업이익) 모멘텀입니다. EBITDA는 순수한 영업활동으로 벌어들인 이익을 나타내는 지표죠.

**김현석** S&P500 기업들의 2023년 이익은 1년 전보다 감소할 것으로 예상됩니다. 하지만 월가는 이익이 2023년 2분기를 저점으로 3분기부터는 조금씩 회복돼서 4분기에는 전년과 비교해서도 성장할 것으로 추정하고 있습니다. 그렇다면 지금은 주식을 사야 할 시기가 아닌가요?

**윤제성** 기업 이익은 2022년 하반기부터 전년 대비 감소세를 보이고 있습니다. 그나마 버티는 건 알파벳·아마존·메타 등 대형 기술 기업들이 해고 등 비용 절감을 통해 이익을 유지하고 있기 때문입니다. 감소율은 줄었지만 아직도 감소하는 방향인데, 이익 감소 추세가 끝났다며 주식을 사는 투자자들이 많습니다. 저는 좀 더 안전하게 가려고 합니다. 기업 이익의 감소 추세가 끝났는지 아닌지 좀 더 두고 보려고 합니다.

사실 2023년 상반기까지 이익이 전년 대비 줄었는데, 주가는 크게 올랐습니다. 이는 주가 상승이 P/E 멀티플 확장(expansion)으로만 이뤄졌다는 뜻입니다. 기업 이익의 15~16배에서 거래되던 게 19~20배로 올라갔다는 얘기입니다. 사실 주식은 주가와 이익, 투자심리(sentiment), 모멘텀 등을 모두 봐야 하는데요. 지금 투자심리 외에 다른 것들은 모두 좋지 않습니다. 그런데 투자심리가 너무 좋다 보니 주가가 강세를 보이죠. 한편으로는 아직도 여전히 돈이 많이 풀려 있기 때문이라고 봅니다.

## 기업의 수익성을 보여주는 지표, FCF

김현석 주가는 결국 밸류에이션을 뜻하고, 밸류에이션으로는 P/E를 많이 본다고 하셨는데요. 투자심리를 나타내는 지표로는 뭘 보십니까?

윤제성 저는 기관 투자자들의 포지션을 주로 봅니다. 주요 투자자들이 주식을 얼마나 가졌는가, 지금 사고 있는가 하는 거죠. 또 옵션 시장에서 풋/콜 비율(Equity Put/Call Ratio)도 참고합니다. 투자자들이 얼마나 헤지를 하고 있는지 알 수 있거든요. 시장이 내림세를 보일 것으로 생각하는 사람들이 많으면 비율이 높아지죠.

김현석 일부 투자자는 미 증권거래위원회(SEC)의 공시 사이트(www.sec.gov/edgar/search-and-access)에 들어가 10-K(annual report, 연간보고서) 등 기업들이 내놓는 공시(corporate disclosure) 자료와 13-F 같은 기관 투자자 공시 서류까지 찾아보더라고요. 윤 CIO님도 그런 공시 자료를 자주 보십니까?

윤제성 13-F는 운용자산 1억 달러 이상의 기관 투자자들이 지난 분기 말에 어떤 주식을 갖고 있었는지 신고하는 보고서인데요. 정말 한국 투자자들이 직접 그런 걸 찾아서 보나요? 대단하네요. 사실 저는 기업들이 내놓는 10-Q(분기보고서), 10-K(연간보고서) 등 공시 자료도 잘 찾아보지 않습니다. 기업들이 감가상각 방법을 바꾸는 등 별의별 조작을 하기 때문이에요. 그렇게 해서 순이익이 아닌 조정 순이익(adjusted net income)을 내놓죠. 투자자들에게 좋게 보이려고 화장을 하는 것입니다. 이런 이익 데이터에는 많은 조작이 들어가 있어요. 솔직히 그대로 믿기 어렵습니다. 그것만 믿고 주식을 사면 안 돼요. 그런 데이터는 전문가가 아니면 사실 제대로 뜯어보기 어렵습니다. 그래서 저는 기업 실적에서는 딱 한 가지만 봅니다. 바로 잉여현금흐름(Free Cash Flow, FCF)입니다.

김현석 〈월스트리트저널〉도 미국 대기업들이 경영진에 대한 주식 보상

비용을 빼버리는 등 순이익을 조작해서 조정 순이익을 내놓는 게 유행이라고 보도했더군요. 이 수치가 2022년 기준 일반회계원칙(GAAP)에 따른 것보다 한 기업당 평균 10억 9,500만 달러가 더 많다고 합니다. 이런 규모는 GAAP에 따른 순이익의 38%에 해당한다네요. 3분의 1이 넘는 수치가 조작(?)되어 덧붙여진 거죠. 좀 놀랐습니다.

**윤제성** 저는 사실 매출도 잘 안 봅니다. 매출을 조작하기는 어렵지만, 매출이 증가하고 감소하는 것 자체도 결국은 FCF에 다 나타납니다. 그게 핵심이에요.

**김현석** FCF는 기업들이 공시하는 데이터가 아니잖아요? 이게 무엇이고, 어떻게 계산하는지 쉽게 설명해주세요.

**윤제성** FCF는 운영현금흐름(operational cash flow)에서 자본지출(capital expenditure)을 뺀 것입니다. 쉽게 설명하면 기업이 사업으로 벌어들인 돈 중 세금과 영업비용, 설비투자액 등을 제외하고 남은 돈을 말합니다. 영업을 통해 들어온 현금과 나간 현금만 철저히 따져 회사에 돈이 얼마 남았는지 나타내는 개념이죠. 가계에 빗대서 말한다면 부모 수입 가운데 필수 생활비를 쓰고 세금을 다 낸 뒤 남는 소득이 바로 FCF죠. 맘대로 쓸 수 있는 돈이어서 미국 기업들은 주로 주주에게 배당금으로 주거나 자사주를 매입하는 데 씁니다. 미래 투자를 위해 저축하기도 하고요. 그래서 FCF는 주식 가치를 평가할 때 중요한 지표로, 현금흐름할인

(Discounted Cash Flow, DCF) 분석의 기초가 됩니다. 강력한 FCF를 보유한 기업은 주주에게 더 많은 보상을 주거나 새로운 투자 기회에서 더 많은 유연성을 가질 수 있습니다.

김현석 　FCF는 상장기업들이 재무제표를 통해 직접 보고하는 항목이 아니잖아요?

윤제성 　맞습니다. 직접 구해야 하는데요, 손익계산서와 현금흐름표를 참고해서 쉽게 계산할 수 있습니다. 투자자들은 전통적인 FCF보다는 이를 살짝 변형해 쓰는 경우가 많습니다. 예를 들어 워런 버핏은 '오너어닝(owner earnings)'이라는 개념을 쓰는데요. '순이익(net income) + 감가상각비(depreciation/amortization) − 필수 자본지출(essential capex)'로 계산합니다. FCF의 '버핏 버전'으로 보면 됩니다.

자본지출은 기업이 미래를 위해 투자하는 비용입니다. 공장을 짓는 데 들어가는 돈 등을 말하죠. 모든 설비투자가 필수적인 것은 아닙니다. 필수 자본지출은 지속 가능한 기업 운영에 중요하며 기업의 경쟁력을 유지하는 데 꼭 필요한 것을 말합니다. 일테면 자본으로 처리하는 R&D 등이 있죠. 이런 자본지출에서 필수적인 부분은 신규 광산이나 발전소 등을 건설해야 하는 광업, 유틸리티 같은 특정 산업을 제외하고는 변동성이 작습니다.

김현석 　기업들이 이익이 많은 것처럼 보이기 위해 감가상각 방법을 바꾼다고 하셨는데요. FCF도 조작할 수 있지 않을까요?

윤제성　FCF는 현금 창출에 중점을 두기 때문에 순이익이나 EBITDA를 기반으로 한 발생주의 회계에 비해 더 투명하고 조작하기가 어렵습니다. 기업들이 FCF를 개선하기 위해 필수 자본지출을 늦출 수도 있지만, 이런 유형의 조작은 알아채기가 쉽습니다. 이렇게 회계 기법으로 조작하기가 어려우니 이익보다 그 기업의 수익성을 더 잘 측정하는 척도라고 할 수 있습니다.

FCF도 이익과 마찬가지로 수익성을 나타내는 지표입니다. 그래서 같은 업종의 주식을 비교하기 위해 FCF 수익률(FCF yield), P/FCF(Price to Free Cash Flow, 주가잉여현금흐름 비율), FCF 성장률(FCF growth) 등을 사용합니다. 우리가 이익을 기반으로 P/E와 이익 성장률을 계산해 쓰는 것과 마찬가지입니다.

FCF를 사용할 때도 단점이 있습니다. FCF는 설비투자의 주기적 성격으로 인해 업종에 따라 변동성이 매우 클 수 있습니다. 예를 들어 고성장 기업의 FCF는 꽤 오랫동안 마이너스로 나타날 수 있죠. 이런 설비투자가 향후 매출 성장을 보장한다면 나쁜 것이 아닌데 마이너스로 나오는 겁니다. 이런 일회성 자본지출의 영향을 줄이기 위해 3년과 5년 평균 FCF 성장률을 사용합니다.

김현석　주식을 평가하는 데 FCF를 어떻게 쓰는지 예를 들어 설명해주시면 좋겠습니다.

윤제성　알파벳(구글)과 애플의 주식 가치를 FCF 분석을 통해 비교해보겠습니다. FCF 수익률 측면에서 알파벳은 2022년과 2023년 애플보다 약간 더 나았습니다. 2022년 이전에는 애플이 더 좋았죠. 또 알파벳은 애플보다 FCF가 빠르게 증가해왔습니다. FCF 성장률이 높았어요. 이를 기준으로 판단하면 알파벳은 애플보다 주가가 저렴하다고 볼 수 있습니다. FCF 성장이 지속될 수 있다면 주가의 잠재 성장률이 더 높을 가능성이 큽니다. 그런데 2022년 알파벳의 FCF 증가율이 전년 대비 마이너스로 떨어졌습니다. 일시적이라면 괜찮겠지만 감소세가 이어진다면 투자자들은 걱정할 것입니다. FCF는 손익계산서에 문제가 발생하기 전에 펀더멘털의 문제를 드러낼 수 있거든요.

종합하면 알파벳의 FCF 성장률은 역사적으로 애플보다 더 일관됩니다. 이는 매우 높은 주가 밸류에이션을 설명하는 요인입니다. 그러나 FCF 성장률이 2022년 마이너스로 돌아선 뒤 상황이 좀 바뀌었습니다. 향후 경기가 둔화되는 과정에서 알파벳이 FCF를 계속 증가시킬 수 있을지가 관건입니다.

**김현석** 미국 기업들은 외생적 성장을 위해 인수·합병(M&A)을 많이 하는데요. 이럴 경우 FCF가 큰 폭으로 줄어들 수 있습니다. 그래도 그건 긍정적으로 해석해야 하지 않을까요?

**윤제성** 2000년 닷컴 버블 때를 돌아보면, 당시 일부 기술 기업이 돈을 많이 벌었습니다. 그러나 어느 정도 성장하고 난 후에는 시장이 기대하는 만큼 자체적으로 계속 커지지를 못하니까 외생

**☑ 알파벳의 FCF 추이**

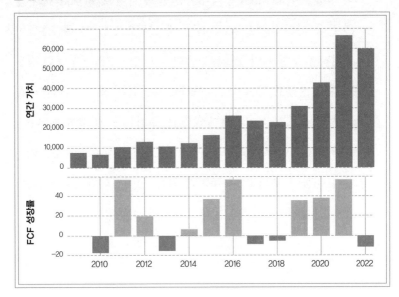

자료: macrotrends

**☑ 애플의 FCF 추이**

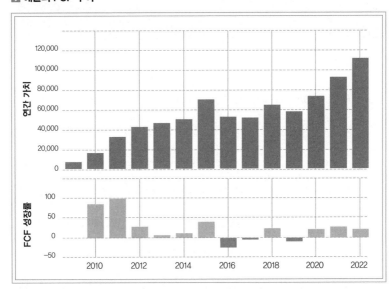

자료: macrotrends

적 성장을 위해 M&A에 막대한 돈을 투자했죠. 이익보다 더 많은 돈을 다른 기업을 M&A하는 데 썼어요. 그래서 현금흐름이 오히려 감소한 기업들이 많았습니다. 그런 M&A가 성공한 경우는 많지 않았고 일시적으로 주가를 부양하는 데 그쳤습니다. 결국 성장도 제대로 이뤄지지 않았고, 주가는 크게 떨어졌습니다. 당시 대표적인 회사가 마이크로소프트였죠. 마이크로소프트는 닷컴 버블이 붕괴할 때 주가가 크게 떨어졌다가 2016년에야 2000년 닷컴 버블 붕괴 전 주가 수준을 회복했습니다.

## 국채 투자의 기본은 거시경제와 경기 사이클을 이해하는 것

김현석 채권 시장에 투자하려면 기본적으로 뭘 알아야 하나요?

윤제성 채권은 무조건 거시경제를 알아야 합니다. 기준금리를 결정하는 Fed를 지켜보고, 인플레이션에 주의를 기울여야 해요. 채권은 어떻게 보면 주식보다 좀 더 수학적이고 간단할 수 있어요. 왜냐하면 Fed를 지켜보고 인플레이션과 금리의 방향만 제대로 맞히면 돈을 벌 수 있으니까요. 그리고 Fed는 방향을 그렇게 자주 바꾸지 않습니다. 한번 긴축이나 완화를 택하면 통상 2~3년은 그런 움직임을 지속합니다. 그래서 미 국채 10년물 수익률은 3개월/12개월 이동평균선 안에서 70% 이상 움직입니다. 사실 지난 10년 동안에는 금리가 너무 낮아서 채권 투자가 큰 인기를 끌지 못했는데, 지금은 채권 투자만 잘해도 연 10% 수익률은 충분히 낼 수 있어요.

**김현석** 지금처럼 인플레이션이 높고 Fed가 기준금리를 크게 올려서 경기가 둔화할 때는 어떤 채권에 투자해야 하나요?

**윤제성** 경기 사이클을 알아야 합니다. 사이클은 일단 시작되면 통상 5~10년 정도 지속합니다. 사이클은 매번 다르지만, 특정한 패턴은 시간이 지남에 따라 반복되는 경향이 있습니다. 경제는 사

**⬇ 경기 사이클의 단계별 특징**

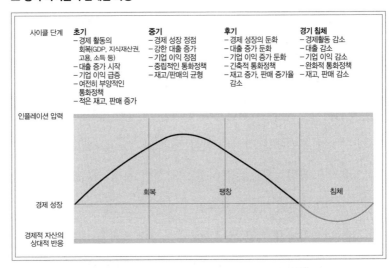

자료: 피델리티

이클을 따라 성장과 수축을 반복하면서 기업 이익, 금리, 인플레이션에 영향을 미치고 투자 성과를 변화시킵니다. 경기 사이클은 통상 초기(early cycle), 중기(mid-cycle), 후기(late cycle) 그리고 경기 침체 등 네 단계로 나뉩니다.

초기는 GDP·산업생산 등 경제지표가 마이너스에서 플러스로 전환되고, 성장이 가속화되면서 불황에서 급격히 회복되는 시기입니다. 불황 때 낮아진 저금리가 이어집니다. 중기는 일반적으로 적당한 성장을 보이는 단계로, 기간이 가장 깁니다. 통화정책은 점점 더 중립적으로 바뀝니다. 후기는 경제활동이 흔히 정점에 도달하는 때입니다. 그러다 보면 인플레이션이 높아져서 중앙은행이 금리를 인상하기 시작하고요. 이에 따라 경제활동이 둔화하기 시작합니다. 그리고 불황이 닥치게 되죠.

앞서 말씀하신, 인플레이션과 금리가 높고 경기가 둔화하는 건 경기 사이클 후기의 특징입니다. 그럴 때는 다가오는 경기 침체에 대비해서 고품질 금융 상품 중심으로 투자해야 합니다. 저는 지금 가장 안전한 자산으로 꼽히는 국채를 많이 갖고 있어요. 사이클 후기에는 경기가 점점 둔화하니까 아무래도 Fed가 완화적인 통화정책으로 돌아설 가능성이 점점 커지죠. 기준금리가 인하된다면 채권을 보유한 투자자들은 돈을 벌게 되겠죠.

많은 투자자가 이번 사이클에서는 경기 침체를 피하고 연착륙(soft landing)할 수 있다고 기대하는데, 저는 섣부른 기대일 수도 있다고 생각합니다. 물론 저도 100% 경기 침체가 온다고 보지는 않아요. 그러나 12개월 이내에 침체가 올 확률이 70% 정도 된다고 생각합니다.

**김현석** 미국 경제의 성장이 금세 꺾일 것 같지는 않아요. 골드만삭스는 미국이 2024년 말까지 2% 수준의 성장을 이어갈 것으로 봅니다. 2023년 2분기 GDP 성장률은 2%를 넘었고, 하반기 성장률은 그보다 더 높을 수 있습니다. 이미 침체를 겪은 주택 시장과 제조업이 바닥을 다지고 있기 때문입니다. 그래서 전체 경제가 침체에 빠지는 게 아니라 일부 산업, 업종별로 돌아가면서 침체를 맞고 회복하는 순차 침체(rolling recession)가 나타나고 있다는 주장이 나오는데요. 그러면 그게 연착륙 아닌가요?

**윤제성** 만약 미국 경제의 성장이 연 2% 이상으로 유지된다면 Fed는 기준금리를 더 올려야 할 것입니다. 장기 추세 이상인 2%씩 성장을 한다면, 인플레이션을 Fed의 목표인 2%까지 낮추기 어려울 수 있습니다. 그러면 Fed는 정말 뭔가가 깨질 때까지 금리를 계속 올리거나 금리를 오랫동안 높게 유지할 수밖에 없어요. 이렇게 높은 금리를 장기간 유지하기만 해도 뭔가 깨질 수 있습니다. 경기 침체가 서서히 꾸역꾸역 다가오는 게 아니라면 '꽝' 하고 터질 확률이 높아지는 겁니다. 저는 그래서 조심스럽게 투자하고 있습니다.

**김현석** 국채는 경기 사이클을 보라고 하셨잖아요. 그럼 회사채에 투자할 때는 무엇을 봐야 합니까?

**윤제성** 회사채는 발행한 기업의 성과가 나빠지면 가격이 내려가죠. 즉 이익을 제대로 내지 못하거나 적자가 커지면, 국채와의 스프레드(수익률 차이)가 벌어지고 해당 기업의 회사채 가격은 내려갑니다.

**김현석** 회사채 투자는 거시경제, 그 업종의 경기와 함께 발행한 기업의 펀더멘털을 같이 봐야 하겠네요. CIO님은 회사채에서는 주로 안전한 투자등급 회사채를 보시나요, 아니면 하이일드 채권에 투자하시나요?

**윤제성** AAA, AA등급 회사채는 수익률이 낮아서 재미없습니다. 그냥 국채 사는 것과 큰 차이가 없어요. 회사채 시장에서 수익률도 괜찮고 어느 정도 안전한 것은 역시 BBB등급입니다. 투자등급 중에 가장 낮고, 투기등급 바로 위에 있는 등급입니다. 채권 지수 ETF를 사면 BBB등급이 지수를 가장 크게 좌우합니다. 수익률의 70~80%가량이 BBB등급 회사채에서 나온다고 보면 됩니다.

**김현석** 미국에서는 BBB등급에 제가 아는 좋은 기업들도 상당히 많이 속해 있더라고요. GM, 월그린, 브로드컴, AT&T, 버라이즌, GE, 크로거, 페이팔 등이 모두 BBB등급입니다.

윤제성 사실 미국 기업의 반 이상이 BBB등급입니다. 기업들이 일부러 관리하지 않고 방치한 경향도 있습니다. 금리가 너무 낮으니까 채권 발행금리를 낮추기 위해 신용등급을 굳이 높일 필요가 없거든요. 돈을 싸게 빌릴 수 있으니까 기업들이 자꾸 더 많이 빌리는 거죠. 그렇게 부채가 늘어나면 신용등급이 떨어지죠. 그래도 금리가 전반적으로 낮으니 기업으로서는 신용등급 하락에 크게 관심을 두지 않습니다. Fed가 글로벌 금융위기 이후 양적완화와 저금리 정책을 지속하면서 시장 금리를 낮춰놓았기 때문에 기업들의 신용등급이 계속 내려가고 있는 것으로 볼 수 있습니다. 기업들이 경영을 잘못해서 떨어진 게 아니라 그냥 놔둔 거라고 봐야 합니다.

김현석 금리가 워낙 낮으니까 기업들이 돈을 많이 빌려서 신용등급이 전반적으로 내려갔다는 얘기군요. 그래서 BBB등급 기업이 더 증가했고, 거기에 좋은 기업들이 많이 포함된 것이네요.

윤제성 과거에는 미국 상장기업의 평균 신용등급이 A였습니다. 그런데 지금은 BBB로 내려갔습니다. 이는 회사채 발행량이 너무 많아졌다는 얘기예요. 기업들의 빚이 크게 늘었죠. 사실 팬데믹 직전인 2019년도에 기업들의 회사채가 너무 많아서 여기에서 문제가 생길 것 같았습니다. 그런데 지금은 그때보다 발행량이 훨씬 많은데도 시장은 걱정하지 않아요. 이유는 간단합니다. 2019년만 해도 회사채 쿠폰(매년 정해진 시기에 지급하기로 약정한 이자)이 너무 높았죠. 그런데 팬데믹이 터지면서 Fed가 기준금리를 제로로 떨어뜨리고 회사채 시장의 금리를 낮추기 위해 회사채도 사들였습니다. 크루즈 회사인 카니발 같은 파산 직전의 기업들도 회사채를 연 7~8% 금리에 발행할 수 있었습니다. 그때 많은 기업이 초저금리에 많은 돈을 빌렸죠. 10억 달러짜리 채권을 연 4% 수준에 발행한 기업이 꽤 있습니다. 그 돈을 은행에만 넣어놓았어도 지금 상당한 이자를 벌고 있겠죠.

## 대안: ETF로 채권에 투자하기

김현석 채권에 투자할 때 거시경제, 금리, Fed 말고 수요와 공급도 봐야 하는 것 아닌가요?

윤제성 물론 다 봐야 하죠. 단기로 투자할 때는 시장 수급이 매우 중요한 요인입니다. 지금 수급 상황을 보면 국채 금리가 올라갈 가능성이 큽니다. 미국 연방 정부의 재정적자가 계속 불어나고 있어서 국채를 더 많이 찍어내야 하고요. 그동안은 중국이 미국 국채를 사줬는데, 지금은 더 사지 않고 있습니다. 미국과 경제 전쟁을 하고 있기도 하고 위안화 환율 방어를 위해 달러가 필요하기도 해서입니다. 일본도 일본은행이 2023년 들어 채권 수익률 곡선 통제정책(Yield Curve Control, YCC)에 손을 대면서 일본 내 금리가 올라가고 있어요. YCC를 없애버리면 일본 내 금리가 뛸 것이기 때문에 일본 투자자들이 국채 사려고 미국까지 올 이유가 없어집니다.

**김현석** 개인 투자자들이 채권 투자를 하겠다고 마음먹으면 직접 채권을 사기보다는 ETF로 투자하는 게 쉽겠죠? 윤 CIO님은 주로 어떤 채권 ETF를 거래하십니까?

**윤제성** 가장 대표적인 게 TLT(iShares 20 Plus Year Treasury Bond ETF)입니다. 만기 20년 이상의 미 국채, 즉 20년물과 30년물에 투자하는 ETF죠. 장기물을 보유하는 만큼 주로 거시경제를 보면서 투자하는데, 미국의 경기가 둔화하고 경기 침체가 오면 가격이 올라가겠죠. 금리가 하락할 테니까요. 앞서 언급했듯이 하이일드 펀드로는 모든 정크등급 회사채에 투자하는 HYG가 있고, 정크등급 중에서는 안전한 편인 BB등급 회사채에만 투자하는 HYBB도 있습니다. 둘 다 블랙록이 운용하는 ETF입니다. 경기 침체가 닥치면 투기등급 기업 중에서 CCC등급은 파산할 수 있기 때문에 진짜 위험합니다. 하지만 BB등급이나 B등급 회사채는 채권 가격은 내려가겠지만 버틸 수는 있다고 생각합니다.

**김현석** 채권 투자를 할 때는 듀레이션에 대해서도 알아야 하는데요. 이 개념과 활용법을 좀 쉽게 설명해주세요.

윤제성 　듀레이션은 채권에 투자했을 때 원금을 회수하기까지 걸리는 기간이라고 생각하면 쉽습니다. 저는 요즘 짧은 듀레이션에 투자합니다. SJNK(SPDR Bloomberg Short Term High Yield Bond ETF)라고 단기로 하이일드 채권에 투자하는 ETF가 있어요. 지금은 채권 수익률 곡선이 역전되어 있으므로 단기 금리가 장기물보다 더 높아서 단기 채권에 투자하는 게 더 유리합니다. 금리가 앞으로 어떤 방향으로 움직일지는 불확실한데요. 만약 금리가 올라가서 깨지더라도 듀레이션이 짧은 게 손실이 덜하니까 그렇습니다. 금리가 올라가서 채권 가격이 5% 내렸는데, 제가 가진 채권 듀레이션이 1년이라면 5% 손실만 보면 되죠. 하지만 듀레이션이 5년이라면 1년에 5%씩 5년간 손실을 보게 되잖아요.

김현석 　Fed가 기준금리 인상을 거의 끝냈고, 미국의 경기가 둔화하고 있죠. 이럴 때는 금리 하락을 예상해서 듀레이션을 늘려야 하는 것 아닌가요?

윤제성 　저 역시 경기가 둔화할 것으로 보는 사람입니다. 그래서 위험한 하이일드 같은 채권은 듀레이션을 짧게 하고, 안전한 국채는 듀레이션을 길게 가져가고 있어요. 좀 보수적인 투자 방법인데, 저는 안전하게 투자하는 것을 선호합니다.

# 원자재 투자에서는 수급 불균형에 주목하자

**김현석** 원자재에 투자할 때 알아야 할 것은 무엇인가요? 거시경제나 시장 수급 상황이 가장 중요한 요인이 아닐까 생각하는데요.

**윤제성** 원자재는 기본적으로 좀 길게 3년, 5년 정도를 보고 투자해야 합니다. 원자재 가격 움직임에서는 수요와 공급이 가장 중요합니다. 저는 중기적으로 원자재가 좋다고 보는데요, 두 가지 이유가 있습니다.

첫째는 투자 감소에 따른 수급 불균형입니다. 10여 년 전부터 ESG(Environment·Social·Governance, 기업의 비재무적 요소인 친환

**⬇ 세계 원유 공급과 수요**

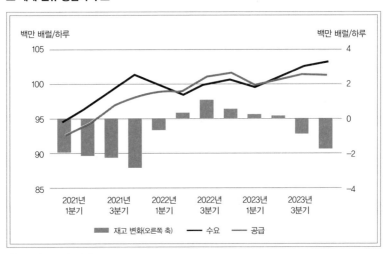

자료: IEA(세계에너지기구)

경·사회적 측면과 지배구조를 판단해 투자하는 흐름) 투자가 인기를 얻으면서 사람들이 그 방향으로 쏠리는 바람에 에너지 등 원자재에 대한 투자가 줄었어요. 그러다 보니 생산량이 수요를 따라가지 못하는 상황이 나타나고 있습니다. 원유만 해도 새로 나오는 큰 광구가 별로 없어요. 신규 채굴, 탐사가 많이 줄어든 탓입니다. 그동안 투자해놓은 곳이나 채굴하던 데서 뽑아 쓰고 있는데, 결국 공급은 줄어들 수밖에 없습니다. 신재생 에너지로 가고 있긴 하지만 그 속도가 생각보다 느리죠. 그 전환 과정에서 화석연료는 덜 나오고 신재생 에너지는 아직 부족한 갭(gap, 공급과 수요의 차이)이 생기고 있어요.

둘째는 디글로벌라이제이션, 즉 탈세계화입니다. 앞으로 세계가 둘로 나뉘면 원자재 공급망도 분열되면서 이 또한 수급 불균형을 초래할 것입니다. 석유가 모자라는 지역이 생길 테고, 이는 가격이 올라가는 요인이 될 것입니다. 다만 저는 경기 침체가 다가오고 있다고 보고, 일단은 이런 불황이 지나가기를 기다리고 있어요. 2023년 중국 경제가 예상보다 부진한데도 사우디아라비아와 러시아가 함께 감산에 나서서 국제 유가가 생각보다 떨어지지 않고 있는데요. 일단 경기 침체가 확실시되기만 해도 배럴당 60달러 정도까지는 내려갈 것 같아요. 앞으로 12개월 안에 유가가 배럴당 60달러 수준까지 떨어지면 그때쯤 에너지에 투자해도 될 것 같습니다.

김현석 원자재에 투자하고 싶을 때는 무엇을 사는 게 좋습니까?

윤제성 저는 에너지는 ETF를 통해 투자합니다. 에너지 산업은 업스트림(upstream, 탐사와 채굴, 생산), 미드스트림(midstream, 운송과 저장), 다운스트림(downstream, 정제를 통한 연료 등 제품 생산)으로 나뉘는데요. 업스트림은 OIH(VanEck Oil Services ETF), 미드스트림과 다운스트림은 XLE(Energy Select Sector SPDR Fund)로 투자합니다. XLE는 에너지 전반에 투자하는데요. 천연가스가 좋아 보일 때는 XOP(SPDR S&P Oil & Gas Exploration & Production ETF)를 삽니다. 원유와 가스에 함께 투자하는 ETF입니다. 구리 같은 기초금속에 투자하고 싶을 때는 관련 광산주를 사면 됩니다.

다만 농산물 투자는 모호한데요. 미국 최대 농업 기업인 카길이 아쉽게도 비상장회사예요. 그래서 농산물 가격이 오를 때 그 대신 식품 회사 주식을 사는 경우가 있는데, 농산물 가격이 올라도 이들 주가는 잘 오르지 않더라고요. 농산물을 생산하는 데 드는 돈이 늘어나기 때문입니다. 대표적으로 MOO(VanEck

**⬆ 에너지 산업의 생태계**

| 업스트림 | 미드스트림 | 다운스트림 |

Agribusiness ETF)라는 ETF가 있는데, 농산물 가격이 올라갈 때도 상승하지 않더라고요.

농업이 주축인 이머징 마켓(Emerging Market, EM, 신흥 시장)에 투자하는 방법도 있습니다. 농산물 수출국인 러시아, 우크라이나, 브라질 등에 투자하는 거죠. 그런데 문제는 이들 나라가 대부분 정치·경제 등에 고질적 문제를 안고 있어서 농산물 가격이 오른다고 반드시 관련 금융 상품이 오르는 게 아니라는 겁니다. 저도 몇 번 사고팔다가 포기했는데요. 라틴아메리카 투자는 여전히 고려하고 있어요. 라틴아메리카는 농산물뿐 아니라 구리, 리튬 등 광물자원도 풍부합니다. 그래서 중국을 제외한 이머징 마켓 ETF를 사면 괜찮지 않을까 생각하고 있습니다. 그런 ETF가 여러 개 출시돼 있는데, EXMC(iShares MSCI Emerging Markets ex China)가 대표적입니다.

## 양분되는 세계에서 현명한 투자를 하려면

**김현석** 투자자들은 시장 구조와 상품뿐 아니라 세계가 앞으로 어떻게 변할지, 미래는 어떤 방향으로 움직일지도 알아야 할 것입니다. 미래를 내다보고 포트폴리오를 어떻게 구성할지 고민하는 데 매우 중요한 요인이죠. 앞서 말씀하셨듯이 지정학적으로 향후 많은 변화가 있을 것 같은데요. 앞으로 3년 또는 5년 뒤, 세상은 어떻게 바뀌어 있을까요?

윤제성 가장 주시하는 게 미국과 중국의 관계입니다. 세계 1위, 2위 경제 국가죠. 경제 전쟁은 이미 시작됐고, 관계가 개선되기는 어려울 것 같습니다. 양국 역시 최악으로 치닫지는 않으려고 노력도 하고 있지만, 이게 진짜 전쟁으로 이어지진 않았으면 좋겠습니다.

미·중 갈등은 기술 경쟁을 중심으로 더욱 깊어질 것입니다. 테크놀로지가 향후 승자를 결정할 테니까요. 역사를 보면 세계에서 제일 힘 있는 나라가 당시 경제에서 가장 중요한 것을 주도하고 앞서갑니다. 지금은 그게 기술입니다. 양국 간에 기술 전쟁이 벌어지고 있는데, 그 핵심 중의 하나가 반도체입니다. 반도체 공급망을 확보하는 것이 경제 전쟁에서 승리하는 데 무엇보다 중요하니까요.

상황이 이런 터라 반도체나 반도체 장비를 만드는 나라는 미국과 중국 중 한쪽을 선택해야 하는 처지에 몰리고 있습니다. 일본, 한국은 일단 미국 쪽을 선택했죠. 그러자 중국이 희토류 수출을 금지하는 식으로 압박하고 있어요. 그런데 반도체 공급망을 보면 타이완의 TSMC가 세계 시스템반도체의 50~60%를 제조하고 있습니다. 대부분 타이완에서 만들죠. 그게 지금 미·중

관계에서 가장 큰 변수입니다. 중국이 타이완을 자기 영토로 보는 만큼 침공할 가능성이 있으니까요.

**김현석** 미국과 중국이 정말 전쟁을 벌일 가능성이 있다고 보십니까? 확률을 좀 높게 보나요?

**윤제성** 가능성은 있지만 그런 일이 없었으면 좋겠습니다. 아직은 확률을 그렇게 높게 보지는 않습니다. 그런데 이런 걱정이 있습니다. 러시아가 우크라이나를 침공하는 건 당연히 나쁘다고 봅니다. 세계 대부분 나라가 그렇게 생각하죠. 그런데 타이완 문제는 조금 다릅니다. 미국으로서는 '중국이 타이완을 점령하려고 한다. 중국은 공격자다'라고 보지만, 중국 입장에서는 그렇지 않거든요. 통일이라고 말하죠. 어차피 타이완은 중국의 일부이고 한 나라라고 보는 겁니다. 이처럼 시각차가 크기 때문에 어떤 일이 벌어지면 갈등이 격화될 수 있습니다.

지금 이런 문제를 심화할 수 있는 요인 중 하나가 타이완의 국내 정치입니다. 2016년 집권한 민진당 소속의 차이잉원 타이완 총통은 중국을 대놓고 싫어합니다. 그래서 중국이 가만히 있지 않을 것 같아요. 계속해서 강도 높은 군사적 압박을 가하고 있죠. 2024년 1월에 타이완 총통 선거가 치러지는데요. 친중국계가 당선되느냐 반중국계가 정권을 이어가느냐가 지정학적 변수가 될 수 있습니다.

**김현석** 중국이 미국과 전쟁할 가능성은 그리 크지 않게 본다고 하셨습니다. 그런데 중국이 타이완을 침공한다면 미국은 분쟁에 개입할까요? 그게 변수가 되어서 미·중 전쟁으로 이어질 수도 있을 것 같은데요.

윤제성 중국과 미국이 그런 단계까지 가지는 않을 것 같습니다. 그렇다고 해도 반도체 공급망에는 상당한 혼란이 발생할 것 같아요. 특히 미국에 큰 혼란이 생기겠죠. TSMC의 주요 고객이 애플, 엔비디아, 퀄컴 등 미국의 핵심 기술 기업들 아닙니까? 미국과 중국이 전쟁을 한다면 미국 해군이 워낙 강하기 때문에 중국이 직접 태평양을 건너가기는 어려울 겁니다. 결국 전쟁이 터진다면 중국은 대륙간탄도미사일(ICBM)이나 극초음속 미사일 등을 쏘겠죠. 미국이 패트리엇 미사일 등으로 요격하겠지만, 그래도 중국이 1,000발을 쏘면 100발은 미국 본토를 때릴 수 있습니다. 그런 단계까지 간다면 지정학적 요인을 따질 것도 없고, 어디에 투자할지 고민할 필요도 없습니다. 인류가 멸망하는 위기가 될 테니까요.

김현석 저도 세계가 미국과 중국 등 두 블록으로 나뉘고 있다는 캐피털 이코노믹스의 보고서를 봤습니다. 세계 분열(global fracturing)이 발생하고 있다는 거죠. 중국 블록은 주로 미국한테 제재를 받은 국가들, 즉 러시아, 베네수엘라, 이란 등으로 구성되고 여기에 사우디아라비아도 들어갈 수 있고요. 유럽은 미국에 너무 종속될까 봐 겉으로는 중립적인 척하고 있지만, 미·중 양국이 싸우고 마지막 선택을 해야 하는 시점이 닥치면 미국 편으로 들어가겠죠. 같은 민주주의 체제를 가지고 있으니까요.

이렇게 블록이 나뉘어도 양국 모두 전쟁은 굉장히 어려운 선택이고 마지막 수단이라는 걸 알고 있습니다. 그래서 경제적으로 서로 의존도를 낮추고, 일부는 끊고 있는 거죠. 캐피털 이코노믹스는 그렇게 2개의 블록이 생기면 정책 선택이 경제적인 게 아니라 점차 지정학적 고려 사항에 의해 결정되리라고 봤습니다. 대부분 소비재는 상관없겠지만 반도체, 배터리, 바이오(생명공학) 등 핵심 기술 분야는 분명히 영향을 받게 될 것입니다.

캐피털 이코노믹스는 이런 세계 분열이 세계를 딱 절반으로 나누지는 않으리라고 봤습니다. 미국 블록이 더 크고 경제적으로 다양하리라는 거죠. 경제적 효율성 측면에서는 두 블록 모두 지금보다 어려워지겠죠. 원자재 등의 가격이 예전보다 비싸지고, 공급에도 차질이 생길 수 있으니까요. 그런 경우에도 미국 블록에서는 가격은 오를지언정 필요한 것을 모두 구할 수 있을 것입니다. 하지만 중국 블록에서는 뭔가를 구하는 것 자체가 어려워질 수 있어요. 캐피털 이코노믹스는 "세계 경제는 균열의 결과로 전체적으로 더 나빠질 것이다. 그러나 미국보다는 중국 블록이 잃을 것이 많다"라고 결론을 냈어요.

윤제성 맞아요. 전면적인 경제 전쟁이 나면 미국은 식량과 에너지를 자급자족하니까 먹고살 수는 있어요. 문제는 투자자들이 투자한

게 많이 깨질 수 있다는 겁니다. 만약 '저쪽 블록에는 아무것도 팔지 마라'라는 식으로 사태가 전개된다면 말이죠. 예를 들어 자동차를 만드는 데는 수많은 부품과 자재가 필요한데요. 팬데믹 때 절실히 느꼈겠지만 그게 한두 나라에서만 만들어지는 게 아닙니다. 자동차는 거의 다 조립했는데 특정한 반도체 칩 하나가 없어서 차를 완성하지 못하는 일이 일어나죠. 그래서 미국이 타이완의 TSMC가 미국에 반도체 공장을 짓게 한 것입니다. 미국에서 반도체 칩을 만드는 건 가능합니다. 생산 효율과 가격이 문제겠죠. 만약 이곳에서 만든 칩 가격이 올라서 1,000달러짜리인 아이폰이 3,000달러가 된다면 누가 사겠습니까? 수요가 지금처럼 유지될 수 없겠죠.

**김현석** 우리에게 중요한 것은 투자 결과잖아요. 누가 싸우든 말든 나의 투자와 상관이 없으면 크게 신경 쓸 일은 아니겠죠. 그런데 이런 경제 전쟁이 심각해지면 공급망 혼란이 확산될 것이고, 이는 인플레이션을 높이고 기업들 주가에 좋지 않을 것이란 말씀이신 거죠?

**윤제성** 원자재 가격은 올라갈 것입니다. 그래서 그런 일이 일어날 것으로 가정한다면 지금 원자재 관련 주식은 싼 게 아닌가 합니다. 그래서 저는 자산의 15% 정도는 원자재 관련 투자를 하려고 계획하고 있습니다. 가장 나쁜 시나리오를 기본으로 갖고 갈 수는 없어요. 그래도 원자재를 15% 갖고 간다면, 어떤 사태가 터져서 심각해질 때 원자재 쪽에서 이익이 발생해 다른 곳에서 난 손실을 어느 정도 메울 수 있기를 기대하기 때문입니다. 한국은 원자재 대부분을 수입하는 나라입니다. 그래서 원자재 가격이 오르면 고통이 커질 수밖에 없습니다. 그럴 경우에 대한 헤지를 위해서도 한국 투자자들이 5년 정도를 내다보고 포트폴리오에서 원자재 비중을 조금 늘려놓는 게 좋지 않을까 생각합니다.

## 미국 외 나라에서 투자 대상을 찾는다면?

김현석　월가 일부에서는 미·중 갈등이 심각하니 인도나 일본, 베트남, 멕시코 이런 나라에 투자하라고 합니다. 공급망이나 돈이 중국에서 그런 나라들로 옮겨갈 테니까 그쪽에 투자하라는 거죠. 어떻게 생각하십니까?

윤제성　그런 측면에서 인도에 투자하는 건 동의합니다. 뭘 사야 하느냐가 약간 문제가 되는데요. 인도 증시의 ETF를 사면, 성장의 혜택을 다 누릴 수 있을지는 모르겠지만, 일단은 괜찮을 것 같아요. 인도 경제는 벌써 혜택을 입고 좋아지는 게 보입니다. 일본은 너무 싸니까 좋게 봅니다. 베트남 경제도 좋게 보고 있어요. 그런데 제가 베트남 ETF에 투자해봤는데 주식을 사서는 경제 성장의 혜택을 다 누리지 못합니다. 돈이 너무 많이 새요. 주식으로는 아닌 것 같아요. 베트남의 부동산은 개인은 사지 못하지만, 법인으로는 살 수 있습니다. 멕시코와 캐나다는 미국이랑 붙어 있으니까 좋죠. 제조업 리쇼어링(reshoring, 본국으로 돌아가는 것)의 혜택을 입고 있어요. 프렌드 쇼어링(friend shoring, 동맹국에서 제조, 조달하는 것)에서 수혜를 보는 대표적인 나라죠. 인도네시아도 좋다고 들었습니다.

**김현석** 이들 나라를 투자 대상 지역으로 고려할 때 주의할 점이 있다고 생각합니다. 2000년대 초반 중국이 급속히 발전하던 때를 떠올리면서 인도와 인도네시아에 투자하는 분들이 많은데, 중국과는 상당히 다르다고 봅니다. 중국은 공산주의 나라이고 기본적으로 평등주의 사고방식이 있으니, 곳곳에 학교를 세우는 등 교육 시스템을 만들어 국민을 잘 교육했습니다. 또 길도 열심히 닦아서 인프라스트럭처가 괜찮았습니다.

제가 인도에 몇 번 가봤는데 제대로 된 길이 많지 않더군요. 무엇보다 학교 등 교육 시스템이 제대로 되어 있지 않았습니다. 이를 뿌리 깊은 카스트 제도 탓으로 보는 분석도 있더라고요. 카스트 제도는 공식적으로는 이미 폐지됐지만 높은 카스트 출신들이 정치적 헤게모니를 쥐고 있고, 이들은 낮은 카스트 사람들을 위한 교육 등에는 별 관심이 없다는 거죠. 워낙에 인구가 많고 땅도 넓으니 당연히 성장하겠지만, 발전 속도는 중국보다는 느릴 것으로 봅니다. 쭉 치고 올라가기는 어렵지 않을까 합니다. 인도네시아도 인도와 비슷합니다. 섬이 많아서 교육·도로·통신 등 인프라스트럭처를 만드는 데 어려움이 있습니다.

윤제성 한국은 잘 모르겠어요. 공급망으로는 미국 쪽에 끼어 있는데, 수출은 중국에 더 많이 합니다.

김현석 한국 기업들은 이제 중국을 거치지 않고 미국에 수출할 것입니다. 원래 우리 기업들은 중간재를 만들어 중국에 보내고, 중국 공장에서 이를 최종 조립해서 미국으로 수출했습니다. 그런데 이제 중국에 있던 공장이 빠져나오고 있습니다. 베트남으로 가고, 인도네시아와 인도로도 떠났습니다. 한국은 중간재를 중국이 아니라 이들 나라로 수출할 것으로 생각합니다. 그리고 일부는 직접 미국에 공장을 짓고 상품을 제조해 판매하고 있습니다. 미국의 제조업 리쇼어링 차원에서 그렇게 하고 있죠.

저는 한국 기업들은 미·중 갈등으로 이익을 볼 수 있다고 생각합니다. 전자·자동차 등 한국의 중추적인 산업 및 기업들은 그동안 중국 기업들의 맹렬한 추격에 쫓기고 있었는데요. 지금은 미국 정부가 중국 기업을 막아줘서 최대 시장인 미국을 지키고 있습니다.

물론 그런 과정에서 기업별로는 경쟁력을 더 높이는 곳도 있고 도태되는 곳도 있을 것입니다. 사실 우리 기업들의 중국 수출은 한계에 처해 있었습니다. 중국 기업들이 반도체, 디스플레이, 인쇄회로기판(PCB) 등 한국의 주력 생산품에 대해 기술적으로 거의 다 쫓아왔고요. 그래서 우리 수출도 줄어들고 있었어요. 중국 시장에서는 이미 거의 다 밀려났죠. 단적으로, 삼성전자 휴대전화의 중국 시장 점유율이 1% 미만입니다. 그런 와중에 미·중 갈등이 일어났습니다. 어차피 중국은 우리 제품을 하나둘씩 대체하고 수입을 줄이고 있었습니다.

지금까지의 얘기를 정리하자면, 윤 CIO님은 지정학적 요인을 따졌을 때 주식보다는 상품, 원자재 쪽이 앞으로 유리하다고 보신다는 거죠?

**윤제성** 주식은 밸류에이션이 매우 높아졌습니다. 앞으로 3~5년을 본다면 주가가 얼마나 하락할지는 잘 모르겠지만 상승한다고 해도 한 해 한 자릿수 정도 상승에 그칠 가능성이 커 보여요. 하지만 원자재는 탈세계화로 공급망 제약 같은 게 생기면 가격이 그보다 더 오를 확률이 높아요. 그래서 싸게 보입니다.

**김현석** 워런 버핏이 2022년에 타이완의 TSMC 주식을 샀다가 2023년 1분기까지 다 팔았어요. 이걸 어떻게 보세요?

**윤제성** 버핏이 대놓고 말했죠. 전쟁 위험 때문에 그랬다고. 아무리 잘 관리되는 회사일지라도 (타이완보다) 자본을 투자할 더 나은 장소가 있다고 말했죠. 미 국방성에서 2025년에 중국이 타이완을 공격할 가능성이 있다는 보고서도 나왔습니다.

솔직히 버핏의 말을 듣고 깜짝 놀랐어요. 언젠가는 무슨 일이 생기겠죠. 심각한 대규모 전쟁이 아니어도 국지적 분쟁은 터질 겁니다. 그러면 TSMC가 타격을 받고 주가가 많이 하락할 거라고 걱정하는 것인데요. 저는 사실 그런 전쟁이 그렇게 빨리 일어날까에 대해 의문이 있습니다. 오히려 TSMC가 없으면 세계가 잘 돌아갈지가 더 걱정됩니다. 세계 반도체 파운드리(foundry, 반도체 수탁 제조) 시장의 60% 가까이를 차지하고 있으니까요. 파운드리 시장에 한국 기업들도 있지만, 타이완을 따라가려면 멀었잖아요.

김현석  삼성전자가 열심히 따라가고는 있어요. 제가 듣기로는 기술 수준은 삼성이 거의 따라잡았는데 문제는 파운드리 생태계와 수율 차원에서 뒤처진다고 합니다. 즉 칩 제조뿐 아니라 패키징 등을 포함하는 생태계에서 타이완 전체가 한국보다 앞서 있다는 거죠. 삼성이 못한다기보다는 TSMC가 너무 잘하는 것이라고 생각합니다.

사실 파운드리라는 산업 자체가 TSMC를 설립한 모리스 창이 만든 산업입니다. 창은 미국 텍사스인스트루먼츠에서 일할 때 아시아의 반도체 제조 능력이 미국보다 뛰어나다는 걸 알았죠. 그리고 모든 반도체 업체가 생산 시설을 갖출 필요가 없다는 것도 깨달았습니다. 그래서 반도체를 대신 만들어주는 TSMC를 타이완에 세운 것입니다.

TMSC는 수십 년째 세계 파운드리 산업의 절반 이상(2022년 기준 시장 점유율 55.5%)을 차지하고 있고, 특히 7나노미터 이하의 최첨단 극초미세 공정에서는 압도적인 점유율을 자랑하고 있죠. TSMC의 타이완 내 파운드리 공장이 문을 닫으면 삼성이나 인텔, 글로벌 파운드리 등 업계 경쟁사들이 공급을 좀 더 늘리겠지만 글로벌 전자 산업 생태계에 엄청난 공급망 혼란이 발생할 것입니다. 그래서 그런 사태를 막기 위해 TSMC가 미국 애리조나에 공장을 짓고, 삼성도 텍사스에 파운드리 공장을 짓고 있는 것 아닌가 합니다.

윤 CIO님은 미·중 갈등과 탈세계화 외에 중요하게 지켜보는 지정학적인 이슈가 더 있습니까?

**윤제성** 저는 에너지 공급망도 주시하고 있습니다. 러시아가 2022년 우크라이나를 침공한 뒤 유럽은 천연가스 공급이 막혀 커다란 고통을 겪었습니다. 일테면 독일은 수십 년간 싸고 풍부한 러시아 천연가스를 이용해서 강력한 제조업 경쟁력을 키워왔는데, 러시아 에너지를 쓰지 못하게 되자 제조업이 무너지고 있어요.

**김현석** 앞서 언급한 캐피털 이코노믹스의 보고서 내용을 좀 더 자세히 전해드리면, 중국 블록은 에너지 원자재가 풍부한 나라들(러시아, 사우디아라비아, 이란, 베네수엘라 등)이 몰려 있는 반면 미국 블록은 모두 이런 원자재를 사용하는 국가들(유럽과 일본, 한국 등)이라고 분석했어요. 미·중 갈등이 심해지면 에너지를 수출하는 국가들과 에너지를 수입하는 국가들 사이가 멀어질 텐데요. 일부에서는 원자재 가격이 내려갈 것으로 보는 이들도 있습니다. 러시아가 2022년 2월 말 우크라이나를 침공했죠. 즉시 국제 유가가 치솟았고, 골드만삭스 등 월가 금융사들은 배럴당 200달러까지 오를 수 있다고 예상했습니다. 세계 2위 원유 수출국이던 러시아의 수출길이 각국의 제재로 막혔으니까요. 하지만 유가는 한 달가량 급하게 오르고 나서 몇 달 유지되다가 6월부터 내림세를 보였습니다. 러시아가 석유를 수출하지 못할 줄 알았는데 국제 유가보다 더 싸게 파니까 중국, 인도 같은 데서 수요가 나타난 거예요.

미·중 갈등이 커져서 세계가 두 블록으로 갈리더라도 에너지 수출국들은 러시아가 그런 것처럼 싼값에라도 수요를 찾아낼 것입니다. 에너지를 수출하지 않으면 먹고살 수 없으니까요. '우리는 중국과 친하니까 미국 블록에 속한 나라에 수출하지 말고 가난하게 살자'라고 하는 나라는 없을 것입니다. 어떻게 해서든 수요를 찾아낼 것이고, 그래도 남는 에너지는 암시장으로 나올 것입니다.

윤제성 그렇다고 더 싸지지는 않을 것 같아요. 장기적으로 보면요. 러시아가 지금 석유를 싸게 팔고 있는데, 돈을 벌지 못하면 원유를 생산하는 데 계속해서 투자하기 어렵습니다. 지금 투자하지 못하면 앞으로 몇 년 뒤에는 생산량이 줄어들 수밖에 없어요. 베네수엘라가 그런 예입니다. 베네수엘라의 원유 생산은 2006년까지 하루 250만 배럴을 넘었습니다. 그런데 지금은 70만 배럴 수준에 불과합니다. 원유 수출로 번 돈을 재투자하지 않고 펑펑 쓰다 보니 원유 생산량이 계속 감소한 거죠. 그렇게 원유 생산은 줄어들 것이고 그러면 장기적으로 유가는 상승할 겁니다.

또 정글 같은 오지나 먼바다에서 석유를 찾아내고 뽑아내는 기술을 가진 곳은 실제로 미국과 프랑스, 영국 등에 있는 몇몇 석유 회사밖에 없어요. 엑손모빌, 셰브런, BP, 셸 같은 에너지 기업 말입니다. 두 블록 간의 거리가 멀어지면 미국 진영에 있는 이런 회사들은 중국 블록에 투자하기가 어려워질 것입니다. 이 역시 중장기적으로 원유 생산량이 감소하게 되는 원인이 될 수 있어요.

## 산업도 기업도, 영원한 강자는 없다

김현석 중국과 미국은 테크놀로지를 놓고도 계속 경쟁할 텐데요. 이건 투자자에게 어떤 의미가 있을까요? 애플·테슬라 등 미국 기술 기업들의 해외 매출 비중이 큰데, 중국 시장을 잃으면 주가가 하락하지 않을까요?

윤제성 기본적으로 탈세계화는 기술 기업의 성장에는 부정적입니다.

미국 정부의 반도체 수출 규제에서 핵심은 엔비디아 같은 회사한테 중국에 무엇무엇을 팔지 말라고 하는 것 아닙니까? 그러면 기술 기업들의 매출과 이익이 줄어들 수밖에 없죠. 좋게 보지 않습니다.

**김현석** 2020년 1월 뱅크오브아메리카가 주최하는 콘퍼런스에 갔는데, 사비타 서브라메니언이라는 주식 전략가가 빅테크 주식을 팔아야 한다고 주장하더군요. 빅테크 기업들이 급성장한 것은 기술이 전 세계적으로 확산한 데 힘입은 결과인데, 미·중 갈등과 탈세계화로 해외 매출이 감소할 것이라는 논리였죠. 그는 중국이 시장을 막아버리고 러시아가 막으면 성장이 어려워질 것이라고 주장했습니다. 논리는 솔깃했는데요. 그 이후에 빅테크 주가는 2배, 3배씩 올랐습니다.

**윤제성** 저는 서브라메니언의 분석이 틀렸다고 생각하지 않습니다. 미·중 갈등과 탈세계화는 이제 시작이죠. 타이밍이 이른 감은 있지만, 결과적으로는 틀린 게 아닐 수도 있습니다. 이런 중장기적인 관측은 오늘내일 당장 맞느냐 틀리느냐를 따질 문제가 아닙니다. 2020년에는 팬데믹이 터졌고, 그로 인해 기술주가 큰 수혜를 입고 주가가 폭등했죠. 아무도 예상하지 못했던 일입니다. 어쨌든 길게 본다면 맞는 얘기가 될 수 있다고 생각합니다.

전반적으로 빅테크에 대한 제 의견은 주가 밸류에이션이 비싸다는 것입니다. 빅테크의 펀더멘털이 나쁘다는 얘기가 아닙니다. 기업들은 정말 대단히 좋은 곳들입니다. 테슬라를 한번 살펴볼까요? 대단히 매력적인 회사죠. 테슬라는 10년 전 조그만 회사였을 때 P/E가 100배 수준이었습니다. 그때는 작은 회사니까 빨리 크기만 하면 P/E가 아주 높다고 해도 소화할 수 있었습니다. 그리고 정말 급성장해서 그렇게 높은 P/E를 어느 정도 정당화했습니다. 지금은 어마어마하게 큰 회사가 됐죠. S&P500 기업에서도 가장 큰 회사에 포함됩니다. 그런데 최근에 주가가 또 많이 올라서 P/E 멀티플이 70~80배까지 거래되고 있어요. 이렇게 큰 회사가 계속 급성장해서 이런 높은 P/E를 정당화할 수 있을까요? 그렇게 될 것 같지는 않습니다. 애플도 P/E가 30배에 육박합니다. 애플은 이익이 전년보다 감소하고 있는데도 2023년 들어서 주가가 급등했습니다. 펀더멘털에 비해 비싸다는 말입니다.

**김현석** 테슬라 강세론자들은 이렇게 얘기합니다. 완전자율주행(Full Self-Driving, FSD)이 가능해지고 설립자 일론 머스크가 주장한 것처럼 로보택시가 현실화되고 나면, 테슬라는 애플과 같은 소프트웨어 회사가 되리라고 말이죠. 자동차 회사의 P/E가 70~80배가 되는 건 말이 안 된다지만 테슬라는 자동차 회사가 아니라 기술 회사이고, 애플이 아이폰을 통해 음악 등 각종 서비스를 파는 것처럼 테슬라 역시 차량을 통해 서비스를 파는 회사라는 겁니다. 즉 자율주행이 되면 운전 대신 차 안에서 영화를 구매해서 보고 쇼핑도 할 것이란 관측입니다. 테슬라는 자동차보험 같은 것도 팔고 있는데요. 자동차를 기반으로 할 수 있는 온갖 서비스를 테슬라가 모두 할 것이란 얘기입니다. 다시 말해 테슬라 차량은 아이폰이 되는 것이고, 테슬라는 애플처럼 된다는 거죠.

**윤제성** 저는 빅테크에 대해서는 정부의 규제 위험도 꽤 크다고 봅니다. 미국 정부가 거인이 된 빅테크를 더는 가만히 놔둘 것 같지 않아요. 미 의회도 계속해서 규제하려고 하고 있죠. 지금은 말로만 떠들고 미국 공정거래위원회(FTC)가 반독점 소송을 하는 정도지만, 테슬라처럼 사업을 확장하고 독점적 힘이 더 커진다면 정부가 그냥 놔두기 어려워요.

애초에 저는 20년 전 기술이 지금의 기술이 아닌데 빅테크 투자자들은 왜 20년 후의 기술을 지금의 기술(기업)이라고 믿는지, 그게 이상하다고 생각합니다. 마이크로소프트는 2000년 닷컴 버블이 터지기 전에 잘나갔고 지금도 잘나가고 있지만, 그사이에는 10년 이상 주가가 큰 폭으로 하락한 시기가 있습니다. 지금 잘나가는 마이크로소프트는 사실상 클라우드 서비스, AI 회사로 닷컴 버블 당시의 마이크로소프트와는 다른 회사입니다. 변신에 성공한 드문 사례입니다.

**김현석** 지금 빅테크 기업과 닷컴 버블 당시 기술 기업은 근본적으로 다르다는 분석이 많습니다. 그때는 인터넷 시대 초기였고 제대로

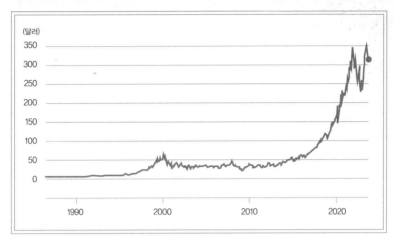

돈을 벌지 못하는 기업이 대다수였습니다. 그러나 지금 빅테크들은 정말 엄청난 현금흐름을 창출하고 있죠. 여전히 AI와 클라우드 컴퓨팅 등 최첨단 기술을 가장 앞에서 이끌면서 성장하고 있습니다.

윤제성 최근 AI 붐으로 기술주가 폭등한 것은 지난 2000년 닷컴 버블 붕괴 직전의 모습과 비슷하다고 생각합니다. 닷컴 버블 때는 투자자들의 온갖 희망이 반영돼 P/E가 100배 이상으로 치솟은 인터넷 기업들이 많았죠. 작은 회사의 P/E가 100배라면 정당화될 수 있지만, 큰 회사는 거의 불가능합니다. 그리고 작은 회사라도 모든 기업이 그렇게 높은 P/E를 소화할 순 없어요.

최근 한국 증시에서 배터리 업종이 주목받으면서 배터리 기업들의 P/E가 치솟았는데, 모든 기업이 그런 P/E를 소화할 수 있는 건 아닙니다. 업계에 7개 회사가 있다면 2~3개는 그렇게 할 수도 있지만, 나머지는 불가능합니다. 1980~1990년대 한국에는 메모리 반도체를 만드는 회사가 많았습니다. 그런데 지금은 삼성과 SK하이닉스 두 곳만 살아남았습니다. 많은 기업이 파산하고 합병됐죠.

AI 열풍으로 엔비디아의 주가가 크게 올랐습니다. 엔비디아가 AI로 큰 혜택을 누린 것은 맞습니다. AI를 구현하려면 성능 좋은 컴퓨터가 있어야 하고, 고성능의 GPU(Graphics Processing Unit, 그래픽 처리 장치)가 많이 필요하죠. 하지만 엔비디아처럼 P/E가 200배 가까이 되면 그걸 정당화하기가 쉽지 않습니다. 올해 연간 매출 성장률이 100% 늘어난다고 해도 언제까지 매년 100% 성장할 수 있을까요?

**김현석** 엔비디아는 대체재를 만드는 회사가 지금은 없습니다. AMD가 GPU를 내놓고 있지만 대부분 범용 제품입니다. 그만한 성능을 내는 GPU를 다른 기업이 만들지 못하니까 첨단 생성 AI를 개발하려면 가격이 얼마든 간에 엔비디아의 GPU를 살 수밖에 없는 상황입니다. 게다가 중국 기업들은 미국의 수출 금지 조치가 확대될까 봐 실수요보다 더 많이 사서 비축하고 있는 것 같습니다.

**윤제성** 기업은 바뀝니다. CPU(Central Processing Unit, 중앙처리장치) 시장만 봐도 인텔은 몇 년 전까지 '넘사벽'이었죠. 시장의 70% 이상을 차지했어요. 경쟁사인 AMD는 망할 것이란 얘기가 계속 나

돌았습니다. 한때 삼성이 AMD를 인수한다는 소문도 있었죠. 그런데 몇 년 전부터 달라졌어요. 인텔이 뒤처지고, 인텔을 추월한 AMD는 주가가 폭등했습니다. 인텔이 뭘 잘못했는지는 잘 모르겠지만요.

**김현석** 인텔이 잘못한 게 뭔지 아십니까? 너무 많은 돈을 벌었다는 것입니다. 그러다 보니 기업 내에 헝그리 정신이 사라졌어요. 그 촉발점이 스마트폰이었어요.

2007년 애플이 아이폰을 내놓은 뒤 스마트폰에 탑재되는 CPU, 그러니까 모바일 AP(Application Processor, 애플리케이션 프로세서) 시장이 폭발적으로 커졌습니다. 이 모바일 AP를 퀄컴과 삼성, 타이완 미디어텍 등이 만들었죠. 애플은 자기 것을 만들고요. 사람들이 모바일 폰을 많이 쓰면서 모바일 AP 시장은 빠르게 커진 대신, PC 시장의 성장률은 뚝 떨어졌습니다. 그래서 인텔도 모바일 AP 개발에 뛰어들었어요. 그런데 몇 년간 엄청난 돈을 투자했지만 결국은 경쟁력을 갖추지 못해 포기했어요.

PC용 CPU와 모바일 AP는 각각 PC와 모바일 폰의 두뇌 역할을 한다는 기능 면에서는 비슷하지만, 특성은 완전히 다릅니다. PC는 항상 전기가 연결되어 있죠. 그래서 CPU는 전기를 많이 소모해도 됩니다. 얼마나 빠르고 힘이 세냐 하는 게 경쟁력을 가르게되죠. 그런데 모바일 AP는 전기를 많이 소모하면 안 됩니다. 전기를 가장 덜 먹으면서 효율적으로 정보를 처리하는 게 관건입니다. 인텔은 그동안 전기를 많이 먹는 제품을 만들어왔는데, 모바일 AP 시장에 뛰어들면서 효율적으로 쓰는 제품을 만들어야 했죠. 하지만 그걸 하지 못했어요. 전자 업계 사람들은 '인텔은 간절함이 없었다. CPU, 서버용 칩에서 여전히 돈을 많이 벌다 보니까 모바일 AP 개발에 목숨을 걸지 않았다'라고 하더군요.

게다가 인텔은 자체적으로 반도체를 제조하는 종합반도체회사 (Integrated Device Manufacturer, IDM)입니다. 미세 공정에서도 삼성이나 TSMC보다 항상 몇 년 이상 앞서갔어요. 하지만 어느새 그런 경쟁력도 뒤처지기 시작했습니다. TSMC가 앞서가게 됐죠. 그러니까 TSMC에 칩 제조를 맡기는 AMD가 CPU 시장에서 두각을 나타내게 된 것입니다. 인텔이 사실상 독점하던 서버 칩 시장에도 많은 기업이 뛰어들었고요. 이렇게 하나둘씩 캐시카우(cash cow, 현금창출원)가 망가진 것입니다.

윤제성 저는 인텔의 창업자 앤디 그로브를 좋아했습니다. 인텔은 정말 대단한 기업이었는데, 이제 많이 바뀌었네요. 기업에 10년, 20년은 정말 많은 변화가 일어날 수 있는 시간입니다. 인텔도 평범한 기업이 됐고, 시스코도 과거에 대단했는데 괜찮은 기업 정도로 바뀌었죠. 생성 AI에서도 지금은 엔비디아가 앞서가고 있지만, 시간이 흐르면 결국 누가 승리할지 알 수 없습니다. 그래서 빅테크 기업들이 영원하리라고 믿으면서 그렇게 높은 P/E에 주식을 살 이유는 없다고 생각합니다. 빅테크도 바뀔 것입니다.

**김현석** 빅테크 기업은 인텔이나 시스코와 달리 어떻게 보면 플랫폼 비즈니스가 많지 않습니까? 구글이 대표적이죠. 마이크로소프트도 그렇고요. 이들의 성장 동력인 클라우드 사업도 다 플랫폼 비즈니스입니다. 클라우드 컴퓨팅과 소프트웨어, AI를 합쳐놓았기 때문에 어떤 기업도 한번 클라우드를 쓰기 시작하면 그걸 떠나서는 살 수 없는 세상이 되고 있어요.

애플의 아이폰을 통한 생태계는 말할 것도 없고요. 아마존 역시 물류망부터 시작해서 온라인 쇼핑으로는 누구도 따라올 수 없는 플랫폼을 미국 전역에 깔아놓았죠. 경쟁사인 GM과 포드가 테슬라의 충전망인 슈퍼차저 네트워크를 사용하기로 한 것처럼, 테슬라도 전기차 생태계에서 플랫폼을 만들고 있는 것 같습니다. 플랫폼이라는 건 한번 깔면 오래갑니다. 그래서 아까 말씀하신 인텔·시스코의 사례와 마이크로소프트·구글·아마존의 사례는 다르다고 생각합니다.

**윤제성** 그렇죠. 좀 더 오래가겠죠. 그러나 그렇다고 지금 이런 높은 주가에 사야 하는 것은 아니죠. 그런 비즈니스도 어느 순간이 되면 다른 파괴적인 신기술로 인해 디스럽트(disrupt)되지 않을까요? 저는 AI 활용이 퍼지면 구글이 가장 먼저 흔들리는 회사가 될 수 있다는 생각도 합니다. 구글 매출의 대부분이 검색엔진에서 나오는데, AI가 등장하면 상황이 바뀔 것 아닙니까?

지금 미국을 보면 당장 AI로 돈을 버는 곳 중 하나가 컨설팅 회사들입니다. 기업들이 AI를 어디에, 어떻게 활용해야 할지 몰라서 컨설팅 회사를 찾아가니까요. 기업들은 어쨌든 AI를 활용하려고 할 것입니다. 지금은 AI가 완벽하지 않지만 그래도 포기하긴 어렵죠. AI를 활용하지 않으면 뒤처질 테니까요. 그러면 많은 변화가 일어날 겁니다. 디스럽션이 발생하고 뭔가가 바뀔 것입니다. 20년 전에도 그랬고 지금도 마찬가지입니다. 그럴 때 새로운 승자를 찾아내야 합니다. 현재의 승자가 계속해서 승리할 것으로 보고 그런 높은 P/E를 부담하고 주식을 사는 것은 아니라고 생각합니다.

**김현석** 그렇다면 지금 빅테크의 P/E가 버블이라고 생각하시는 건가요?

**윤제성** 투자와 투기의 차이를 간단하게 말씀드리자면, 투자는 포트폴리오를 짜서 장기적으로 지속할 수 있게 돈을 운용하는 것입니다. 그러려면 트렌드를 보면서 가격이 어느 정도 싸고 매력적인 주식을 사야 합니다. 이렇게 비싼 주식을 사서 돈을 벌 것으로 생각하기는 어렵습니다. 그런 건 버블이 생기길 기대하는 것이나 마찬가지입니다. 한마디로, 투기죠.

저는 지금이 추세가 아니라 거품이라고 생각합니다. 그런데 많은 사람이 그렇게 생각하지 않는 듯합니다. 사실 2021년 말에도 그랬어요. 그때 FAANG(Facebook, Apple, Amazon, Netflix, Google) 주식의 시가총액을 다 합치면 유럽 증시보다 더 크다는 얘기가 나왔어요. 그게 정점이었고 2022년 들어 주가가 급락했죠. 그러다가 다시 올라가서 요즘 또 그런 데이터가 나오고 있습니다. 애플 시총이 중·소형주 지수인 러셀2000 지수에 포함되는 2,000개 기업 전체의 시총보다 더 크다는 겁니다.

**김현석** 여러 가지 신기술에 대한 투자가 이뤄지고 있습니다. 미래를 본다면 어떤 업종, 어떤 기업 주식을 사야 할까요?

**윤제성** AI에는 무조건 투자를 해야겠죠. 그런데 뭘 사야 하는지는 잘 모르겠어요. 지금 버블이 있는 상황에서 투자해야 할지, 좀 기다려야 할지 지켜보고 있어요. 사실 2021년에 우리(뉴욕생명 자산운용)는 반도체 관련 주식을 많이 샀어요. '구조적으로 반도체가 좋을 것이고, 대대적인 설비투자가 이뤄질 것이다'라고 생각했거든요. 그런데 2022년 들어 반도체주가 급락했죠. 그래도 끝까지 버텼어요. 2023년 상반기에 많이 올랐을 때 상당한 수익을 내고 팔았습니다. 지금은 주가가 너무 비싸다고 생각해요. 구조적으로 보면 반도체 투자를 유지해야 한다고 생각하지만, 주가가 비싼 상황이어서 지금은 매수하거나 보유하고 싶지 않습니다. 그게 지금 커다란 고민 중 하나입니다.

**김현석** 전기차 주식에 대해서는 어떻게 보십니까?

**윤제성** AI뿐 아니라 신재생 에너지도 미래가 밝다고 생각합니다. 투자해야 합니다. 그런데 반도체와 마찬가지로 어떻게, 어느 가격에 사야 할지가 고민입니다. 지금 버블이 있는데, 당장 이걸 추격 매수해야 할까요? 게다가 신재생 에너지는 아직 발전 초기 단계이기 때문에 디스럽션이 나타나 빠르게 바뀔 수도 있습니다. 일반 투자자는 기술 변화에 대해 자세히 알기가 어려우니 전문가를 통해 투자하는 게 좋습니다. 중국이 희토류 수출을 규제하기로 한 후 희토류에 어떻게 투자할 수 있는지 질문을 받기도 했는데요. 희토류는 투자 차원에서 접근하기가 어렵고, 몇몇 기업에 너무 집중되어 있어서 좋은 투자 기회를 찾기는 어렵습니다.

김현석 그렇다면 지금 주가도 웬만큼 싸고 미래도 괜찮다고 보는 업종이나 주식이 있습니까?

윤제성 고리타분한 업종에 속해 있긴 하지만 JP모건이 정말 매력적이라고 생각합니다. 제가 금융 업계에서 30년 넘게 일해왔는데 JP모건은 소매은행에서도 1등이고 투자은행(Investment Bank, IB)에서도 1등을 차지하고 있어요. 이처럼 강력한 지위가 언제까지 유지될지 지켜볼 정도예요.

2022년에 Fed가 기준금리를 올리기 시작할 때 월가 애널리스트들이 걱정했어요. JP모건 콘퍼런스콜에서 제이미 다이먼 CEO에게 "현금을 너무 많이 갖고 있는데 그걸 어떻게 하려고 하는가?" 같은 질문들이 나왔어요. 같은 질문에 뱅크오브아메리카는 "우리는 채권을 사서 갖고 가겠다"라고 답했죠. 그런데 JP모건은 끝까지 버텼습니다. 다이먼은 "Fed가 금리를 많이 올릴 것이기 때문에 계속 현금을 갖고 있겠다"라고 답했어요. 정말 뚝심 있는 베팅이었죠. 다이먼이 버틴 겁니다. 이후 금리는 크게 올랐고, 채권 가격은 크게 하락했습니다. 현금을 들고 있던 JP모건은 손실을 보지 않았습니다. 반면 뱅크오브아메리카는 국채를 많이 샀다가 가격이 내리는 바람에 미실현 손실이 굉장히 컸습니다.

JP모건의 남은 문제는 그런 다이먼 CEO가 몇 년 뒤 떠난다는 겁니다. 투자자들이 원하니까 그동안 몇 번이나 임기를 더 연장했는데, 이제는 나이가 많아요. 1956년생이거든요. 그리고 다이먼이 몇 번 임기를 연장하는 사이에 CEO 후보들이 참지 못하고 다 나갔어요. 그러니 JP모건이 지금 같은 지위를 계속 유지할 수 있을지는 두고 봐야 합니다. 어쨌든 다이먼이 이끄는 JP모건은 정말 매력적인 회사입니다.

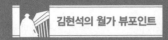
# 중국은 투자 가능한 나라인가?

2022년 10월 23일 중국공산당 전국대표대회 폐막식을 본 월가는 경악했다. 시진핑 국가주석의 3연임이 결정난 후, 옆에 앉아 있던 후진타오 전 주석이 끌려 나가다시피 퇴장한 탓이다. 중국의 시스템상 연출된 쇼임이 분명했고, 이는 시 주석의 절대권력이 얼마나 강력한지를 상징하는 사건으로 기록됐다. 실제 시 주석은 상무위원 등 주요 보직 모두를 시자쥔(習家軍)으로 불리는 최측근으로 채웠다.

이 사건 직후 중화권 증시와 미국 증시에 상장된 중국 기업의 주가가 폭락하고 위안화 가치도 추락했다. 월가에서는 '중국 엑소더스(china exodus)'가 나타났다. 연기금 등 기관 투자자들은 중국에 배분했던 자산 비중을 줄여 다른 신흥 시장에 할당하는 곳이 증가했고, 타이거 글로벌 등 몇몇 헤지펀드는 중국 시장에서 아예 철수하기로 했다. 블룸버그의 추산에 따르면, 외국인의 중국 내 주식 및 채권 보유액은 2021년 12월 정점에서 2023년 6월 말까지 약 1조 3,700억 위안

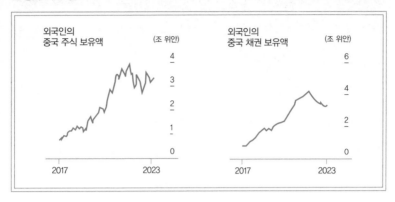

**◘ 중국 엑소더스**

외국인의
중국 주식 보유액 　　　(조 위안)

2017　　　　2023

외국인의
중국 채권 보유액 　　　(조 위안)

2017　　　　2023

자료: 중국 인민은행, 블룸버그

(1,880억 달러)이 감소했다. 단기간에 17%가 줄어든 것이다. 코로나바이러스에 따른 수년간의 경제 봉쇄, 부동산 위기, 미·중 갈등 등도 중국 엑소더스의 원인이다.

중국은 2001년 세계무역기구(WTO) 가입 이후 20여 년간 세계 자본을 빨아들이며 급격히 성장해왔다. 하지만 시 주석은 '공동부유(共同富裕)'라는 강령을 앞세워 내부 규제를 강화하고, 개혁개방 대신 내수 중심 성장을 하겠다고 천명했다. 월가가 보기엔 이 모두가 경제 성장을 옥죄는 요인이며, 투자에 위협 요소다. 특히 월가가 우려하는 커다란 불확실성 두 가지가 있다.

하나는 미·중 갈등이다. 미국은 반도체 산업에 이어 바이오, 우주 산업 등으로 중국에 대한 수출 규제를 지속해서 확대하고 있다. 2022년 말 중간선거로 민주당이 상원, 공화당이 하원 다수당을 차지한 뒤 끊임없이 충돌하고 있지만 중국 견제에 대해선 초당적으로 단결한다. 중국 정부도 희토류 수출 규제, 공무원들의 애플 아이폰 사용 금지 등 보복 수위를 높이고 있다.

또 다른 걱정거리는 타이완이다. 시 주석은 타이완 독립을 저지하기 위해서는 무력 사용도 배제하지 않겠다고 여러 차례 천명했다. 시 주석은 2022년 11월 미국 조 바이든 대통령과의 정상회담에서 "타이완 문제는 중국의 핵심 이익 중에서도 핵심"이라며 "중·미 관계에서 넘어선 안 되는 첫 번째 레드라인(red line, 한계점)"이라고 강조했다. 하지만 미국도 타이완 문제에서 물러설 수 없다. 타이완엔 세계 파운드리 시장의 50% 이상을 차지하는 TSMC가 있어서다. TSMC가 가동을 멈추면 세계 IT 공급망은 사실상 붕괴한다. 바이든 대통령은 "하나의 중국 정책에는 변함이 없다"라면서도 "타이완의 일방적 현상 변경에는 반대한다"라고 맞섰다.

2022년 러시아의 우크라이나 침공으로 천문학적 손실을 본 것도 투자자들에겐 트라우마로 작용한다. 최대 세계 자산운용사인 블랙록만 해도 러시아에 투자해놓았던 180억 달러가 순식간에 사실상 '제로'가 됐다. 전쟁 발발에 이은 서방 각국의 경제 제재 때문이다. 이에 투자 리서치 회사 모닝스타에서는 "독재에 투자하지 말라"라는 조언을 내놓았다. 투자할 때는 지정학적 위험과 법치주의를 고려해야 한다는 조언이다. 중국이 타이완을 침공한다면 중국 투자분도 러시아 투자처럼 '제로'가 될 수 있다는 얘기다. 모닝스타는 "독재 국가에 투자해 잠깐 돈을 벌 순 있지만, 결국 중요한 건 독재자가 정한 규칙"이라며 "독재 국가에선 기업이나 국가의 가치 평가나 펀더멘털 전망 등이 하룻밤 사이에 무의미해질 수 있다"라고 지적했다. 그러면서 지난 10년을 따지면 러시아나 중국에 투자한 것보다 미국에 투자한 게 더 나았다고 덧붙였다.

중국 경제가 서서히 회복되면서 월가 일부에선 중국 투자를 권하기도 한다. JP모건은 적정한 주식 밸류에이션, 팬데믹 이후 억눌린 수요 등을 들어 "중국이 예상보다 경기 회복과 주가 수익률에서 뒤처졌지만 흐름이 바뀔 수 있다고 믿을 만한 이유가 있다"라고 분석했다. 그러면서 자사의 개인 자산 관리 고객의 3분의 2 이상이 중국 자산을 전혀 갖고 있지 않은데, 이는 단기적으로 부정적 효과를 낳을 수 있다고 지적했다. 이에 대해 일부에서는 월가 금융사들이 중국 정부의 눈치를 살펴 긍정적 의견만 제시한다고 지적한다. JP모건은 2022년 5월 "중국의 규제 불확실성으로 알리바바, 텐센트 등 중국의 다수 인터넷 기업에 대해 '투자 불가능(uninvestable)'하다"라는 의견을 내놓았다가 중국 기업의 상장 주간사 역할을 한동안 맡지 못한 적이 있다.

# WALL STREET

## INVESTMENT

# 월가의 투자 전략은
# 이것이 다르다

2021년 3월 말 바이어컴CBS(현 파라마운트 글로벌) 주식은 연일 수십 퍼센트씩 폭락했습니다. 3월 19일 주당 100달러가 넘었지만 3월 26일엔 48달러로 떨어졌습니다. 공격적 베팅으로 유명한 한국계 투자자 빌 황이 무너지는 순간이었습니다.

빌 황의 아케고스 캐피털은 골드만삭스, 모건스탠리, 크레디스위스, UBS, 노무라 등 다수의 월가 금융사와 토털 리턴 스와프(Total Return Swap, TRS) 계약을 맺고 최대 20배에 달하는 레버리지(leverage, 차입)를 일으켜 바이어컴CBS 주식 상승에 돈을 걸었습니다. 이 TRS는 기초자산(바이어컴CBS 주식)을 금융사가 매수하고 거기에서 발생하는 모든 손익은 계약을 맺은 아케고스가 갖는 형태의 파생상품입니다. 그런데 바이어컴이 3월 말 갑자기 유상증자를 발표한 뒤 주가가 흔들렸고, 빌 황이 주가 하락에 따른 손실을 갚지 못할 것으로 우려한 골드만삭스 등이 주식을 투매한 것입니다. 아케고스 캐피털은 10일간 손실액이 200억 달러가 넘었습니다. 빌 황과 거래한 금융사들도 100억 달러가 넘는 손실을 봤습니다.

월가에선 가끔 이렇게 시장을 흔드는 대규모 파산 사태가 벌어집니다. 레버리지를 통한 투기적 베팅이 애초 예상과 다른 결과로 이어진 경우가 대다수입니다. 빌 황은 1996년 타이거 펀드에 합류한 뒤 공격적 베팅으로 한때 수십억 달러의 부를 축적했지만, 현재는 사기 및 공갈 혐의로 뉴욕 맨해튼에서 재판을 받고 있습니다.

투자에는 여러 가지 형태가 있습니다. 레버리지, 공매도 등 공격적 방법이 있지만 윤 CIO는 권하지 않습니다. 장기적으로 지속 가능한 투자 방법은 아니라고 믿기 때문입니다.

# 가치 투자와 모멘텀 투자

**김현석** 월가에서 30년 넘게 일하셨는데 어떤 게 이기는 투자 방법이라고 생각하십니까?

**윤제성** 먼저 투자와 투기의 차이를 알아야 한다고 생각합니다. 제가 김 기자님과 찍은 인터뷰 동영상 댓글을 보면 '주식을 몇 개 찍어 달라'라는 얘기가 많습니다. 또 한국 투자자들을 만나보면 테슬라·엔비디아 등 기술주 1~2개, 배터리 주식 1~2개 식으로 몇 개 업종이나 주식만 보유하신 분들이 꽤 있더라고요. 당연히 이들 주식이 오르면 돈을 많이 벌겠죠. 하지만 제가 볼 때 그건 투자가 아니라 투기입니다. 1~2개 종목을 찍어서 대박을 내겠다는 건 일종의 도박이고, 카지노에 가서 룰렛 하는 것과 크게 다르지 않아요. 내가 찍은 게 올라가면 이기고, 내려가면 지는 것 아닙니까.

그건 장기적으로 지속할 수 있는 투자 방법이라고 보기 어렵습니다. 단기적 투자는 대부분 제로섬 게임(zero-sum game, 장기적으로 이익과 손실을 더하면 제로가 되는 것)입니다. 제가 생각하는 투자란 길게 20~30년을 보고 포트폴리오를 짜서 꾸준히 안정적인 수익률을 올리는 것입니다. 경제가 좋을 때는 베팅액을 좀 더 늘리고, 경제가 약화하면 조심스럽게 버티는 방향으로 포트폴리오를 조정하면서 길게 보고 가는 거죠.

**김현석** 테슬라나 엔비디아 같은 주식들이 쭉쭉 올라갈 때 그걸 지켜만 보고 있는 건 괴로운 일일 텐데요. 그럴 때도 인내하는 자세가 필요하다는 말씀이신가요?

**윤제성** 맞습니다. 특정 주식이 쭉쭉 오른다고 하더라도 안 쫓아가고 참는 것, 그 역시 투자자가 갖춰야 할 중요한 덕목입니다. 월가의 유명한 가치 투자자이자 오크트리 캐피털 창업자인 하워드 막스의 말이 저에게는 굉장히 와닿습니다. 막스는 40년 넘게 투자를 해온 사람인데요. 자기가 평생 투자하면서 큰 결정을 내린 건 예닐곱 번밖에 없다는 것입니다. 막스는 주로 위험한 채권을 사고팔아온 사람인데요. 보통 때는 쿠폰, 그러니까 이자를 받으면서 기다리다가 채권 시장과 경기, 그리고 금리 간에 디스로케이션(dislocation, 차이)이 커지면 베팅을 크게 합니다. 지난 40년 동안 예닐곱 번을 그렇게 왕창 투자했고, 그 결정이 엄청난 수익을 가져다주었습니다.

**김현석** 그러니까 몇 년씩 참고 기다리며 기회를 보다가 평균 6~7년에 한 번씩 큰 투자를 하는 것이군요.

**윤제성** 그게 가치 투자입니다. 가격이 싸질 때를 기다려서 싸게 사는 거죠. 물론 투자 방법에 그것만 있는 것은 아닙니다. 가격이 자기에게 맞는 수준까지 내려와서 사는 저 같은 가치 투자자가 있는 반면, 모멘텀 투자자도 있습니다. 모멘텀을 기준으로 급등하는 기술주 같은 데 투자하는 거죠. 그것도 투자입니다. 투자하려면 자기가 어떤 투자를 잘하는 사람인지 알아야 하고, 그런 전략에 맞는 기회를 잘 잡아야겠죠. 언제 사고 언제 팔아야 할지, 그 신호를 잘 찾아내는 게 중요합니다.

**김현석** 한국 투자자들에게 그런 방법을 잘 알려주시는 게 윤 CIO님이 하셔야 할 일 같습니다.

**윤제성** 기본적으로 저는 가치 투자자입니다. 제가 거시경제 상황에 대해 "가치 투자자 관점에서 조심스럽게 본다"라고 한 말을 듣고 어떤 사람들이 레버리지를 써서 공매도했다가 저를 원망한다고 들었습니다. 그런 게 좀 답답합니다. 이 책을 쓰는 이유 중 하나가 자기 투자 스타일에 맞게 투자해야 한다는 걸 강조하기 위해서입니다. 저 같은 사람이 뭐라고 말했다고 해서 그걸 그대로 따르거나 자의적으로 해석해서 레버지리를 써 공매도하는 건 답이 아닙니다.

골프를 예로 들어보겠습니다. 골프를 치다 보면, 우리는 프로 선수가 아니니까 잘 못 치는 때가 많잖아요. 한두 가지 종목을 찍어서 롱(매수)이든 숏(매도)이든 대박을 내려고 하는 것은 그냥 드라이버를 들고 모든 샷을 온 힘을 다해 후려갈기는 것과 비슷합니다. 그건 골프를 잘 치는 방법이 아니죠. 그것이 습관으로 굳어지면 회복하기가 어렵습니다. 자기 핸디캡에 맞춰서 채를 고르고, 힘을 빼고 안전하게 툭툭 쳐서 타수를 쌓아가는 게 골프입니다. 내가 뭘 잘하고 뭘 못하는지 알고 골프장에 가야 하는 거죠.

그리고 골프장에서 남의 조언을 받아서 친다고 잘 치는 게 아닌 것처럼, 투자에서도 남의 의견을 그대로 따르는 건 바람직한 방법이 아닙니다. 남의 의견을 참고해서 나의 시각을 만들고 그에 따라 투자하는 게 중요합니다. 저는 요즘 경기 침체 가능성을 보고 있으므로 좀 비관적인 얘기를 많이 했습니다. 좀 안전하게 투자를 하자는 뜻이었지, 레버리지를 써서 공매도하라는 게 아니었습니다. 그게 좀 답답해요.

김현석 사실 공매도는 굉장히 위험한 투자 방법이죠. 미국 증시는 역사적으로 보면 70% 이상의 기간에 걸쳐 상승해왔거든요. 수학적으로 봐도 공매도를 해서 이길 확률은 낮다고 볼 수 있죠?

윤제성 맞아요. 공매도는 정말 힘든 투자 방법 중 하나입니다. 짧은 시간에 가격이 내릴 주식(자산)을 찍고, 그 자산이 길어도 3~6개월 안에는 내가 예상한 방향으로 움직여야 합니다. 그런 투자를 하려면 트레이더는 종일 트레이딩 룸에 앉아서 블룸버그 단말기를 쳐다보고 있어야 합니다. 온갖 정보를 취합해서 들여다보고 끊임없이 판단해야 합니다. 그런데 개인 투자자가 다른 직업에 종사하면서 공매도를 한다는 건 정말 도박이에요. 일반인들이 집에서 거래한다는 것 자체가 이미 이길 확률이 낮다는 얘기입니다. 공매도는 전문 트레이더들이 온갖 정보를 갖고 하는 것입니다. 제가 말하는 것을 유튜브로 듣고 공매도하는 건 솔직히 도박입니다.

미국의 예를 보자면, 나쁜 주식인데 갑자기 몇 배씩 오를 때가 있어요. 공매도가 많이 몰려 있던 주식에서 어떤 호재가 발생해 주가가 오르기 시작하면 공매도했던 투자자들이 포지션을 커버하는데, 주로 이 과정에서 발생합니다. 그렇게 숏커버링(short covering, 공매도를 청산하기 위해 주식을 되사는 것)을 해야 하는 상황에 몰리면 손실이 눈덩이처럼 커질 수 있습니다.

아까 말씀하셨듯이 미국 주식은 70%가 넘는 기간에 걸쳐 올라왔습니다. 뱅가드가 인덱스 펀드(지수연동형 펀드)를 만든 게 그런 역사에 기반한 것입니다. 미국 경제는 성장할 것이고, 시장(지수)을 사서 그냥 묻어놓으면 미국 주식은 계속 올라간다는 생각이 깔린 거죠. 다시 한번 말씀드리지만 공매도는 가장 힘든 투자 방법입니다.

## 관건은 셀 디시플린을 지키는 것

**김현석** CIO님의 주요 투자 방식은 아니지만, 모멘텀 투자 방법에 대해 자세히 설명해주시겠어요?

윤제성 가치 투자도 좋은 투자 전략이고, 모멘텀 투자도 좋은 방법입니다. 중요한 건 그게 나에게 맞는 투자법인지를 생각해보고 나에게 적합한 전략에 따라 포트폴리오를 짜야 한다는 것입니다. 모멘텀 투자는 추세에 따라 오르는 업종과 주식에 투자하는 것입니다. 요즘 같으면 주로 기술주, 성장주에 투자하는 거죠. 특히 2023년 현재는 AI 붐이 일어나고 있고 전반적으로 경제 성장률이 높지 않아서 사람들이 성장하는 빅테크 등의 주식을 더 찾는 것 같습니다. 이런 모멘텀 전략은 주가가 가장 밑바닥일 때 사면 좋겠지만 좀 오른 뒤에 중간 수준의 가격에서 사도 됩니다. 거의 다 올랐을 때 꼭지 부근에서 사면 좋지는 않겠지만 매수해도 되긴 합니다. 가장 중요한 건 제때 파는 것입니다. 즉, 사는 건 아무 때나 해도 되는데 팔 때는 '셀 디시플린(sell discipline)'을 정확히 지켜야 합니다. 매도하는 원칙이죠.

김현석 매도 원칙이란 게 무엇입니까?

윤제성 미리 정해둔 원칙에 따라 그런 조건이 발생하면 꼭 파는 것을 말합니다. 포트폴리오 운용을 위해 미리 설계된 결정을 기반으로 매도하는 거죠. 그게 언제나 하는 게 매우 중요합니다. 그 셀 디시플린을 따르려면 주식을 굉장히 열심히 지켜봐야 합니다. 타이밍이 생명입니다. 사실 모멘텀 투자는 기회가 많아요. 왜냐하면 주가가 올라갈 때 사는 것이니까요. 앞서도 얘기했듯이, 저는 모멘텀 투자를 할 때 5년 현금흐름 모멘텀 등을 봅니다.

어떤 주식이나 업종이 비교 대상 업종이나 주식보다 현금흐름이 좋다는 걸 확인하고 사는 것입니다. 그런데 그런 신호를 확인하고 산다면 아무래도 좀 늦게 매수하게 되죠. 즉 어느 정도 주가가 오르고 나서 매수하게 됩니다. 물론 그렇게 오르는 중간에 사도 됩니다. 문제는 아까 말씀드렸듯이 언제 팔 것이냐입니다. 매도 타이밍이 가장 중요하죠.

**김현석** 가치 투자는 가격이 쌀 때 사는 전략이죠. 가치 투자자는 기회가 왔다는 것, 그러니까 자산이 싸다는 것을 어떻게 판단합니까?

**윤제성** 저같이 가치 투자를 하는 사람에게는 기회가 자주 오지 않습니다. 왜냐하면 가격이 많이 내려와야 하니까요. 하워드 막스가 말했듯이 몇 년에 한 번씩 기회가 옵니다. 경기 침체가 오리라고 예상할 때, 그게 기회가 될 수 있습니다.

지금은 심각한 경기 침체는 올 것 같지 않고 가벼운 침체가 올 가능성이 있는데요. 그래도 기회가 있을 것으로 봅니다. 이른바 순차 침체가 나타나고 있는데요. 업종별로 돌아가면서 침체를 겪는 것을 말합니다. 지금 부동산 시장과 제조업은 경기 침체를 겪고 있는데 서비스업은 호황입니다. 그리고 주택 시장은 바닥을 다지고 있어요. 이런 상황이 계속된다면 연착륙으로 이어질 수 있어요. 그런 상황에서도 기회가 있습니다. 큰 경기 침체가 오면 모든 자산 가격이 내려가겠죠. 지금은 일종의 순차 침체가 나타나고 있는데, 그럴 때도 침체를 겪는 업종별로 싼 자산이 생길 수 있습니다.

다만 가치 투자를 할 때 조심해야 하는 게 있습니다. 가격이 싸졌다고 판단해서 샀는데 더 떨어질 수 있다는 거죠. 과거 제록스 같은 회사가 대표적입니다. 제록스의 주력 사업이 복사기였는데, 복사기 사업 자체가 축소되어서 기업 가치가 과거 수준으로 회복되지 못했습니다. 그래서 주가가 싸졌다고 매수한 사람들이 손해를 많이 봤습니다.

자산이 급락하면 헐값에 사는 것을 '딥 밸류 인베스팅(Deep Value Investing, DVI)'이라고 하는데, 그렇게 할 때도 자산이 회복될 가능성이 있어야 합니다. 그러니까 싸다고 무조건 사는 게 아니라 그 주식의 가치가 회복될 수 있을지 연구하고 사야 한다는 얘기죠. 기본적으로 가치 투자를 하면 좋은 자산, 좋은 기업을 적당히 싼 가격에 사서 상당한 수익률을 얻을 수 있습니다. 하지만 기회가 자주 오진 않습니다.

**김현석** 제가 보기에 한국 투자자들은 두 가지 전략 중에서 모멘텀 전략을 많이 선택하는 것 같습니다.

**윤제성** 모멘텀 전략은 올라가는 주식이 계속 올라간다는 개념에서 출발하기 때문에 뭔가 오르면 그 추세를 쫓아서 사는 거죠. 상승하는 주식이 더 올라가는 것을 기대하는 전략입니다. 모멘텀 전략에서는 매수 타이밍이 그다지 중요하지 않습니다. 중요한 건 매도 타이밍을 잡는 것입니다. 올라가는 주식을 샀는데 그 주식이 계속 상승하면 당연히 좋겠지만, 올라가더라도 휩쓸리지 않고 '이 가격이 되면 무조건 팔겠다'라고 미리 정해놓는 거죠. 예를 들어 3분의 1씩 나눠서 팔더라도 이렇게 올라갈 때 '처음 파는 건 이 가격, 마지막 파는 건 이 가격' 하는 식으로 미리 정하는 것입니다. 어디서 팔지를 정해놓지 않고 계속 붙들고 있으면 안 됩니다. 모멘텀이 식으면서 언젠가는 돈을 잃을 수밖에 없어요. 그리고 가장 중요한 건 스톱로스 디시플린(stop loss discipline), 즉 손절매 원칙을 갖는 것입니다. 오를 것으로 기대해서 샀는데 너무 늦게 사서 주가가 내려가기 시작할 수도 있습니다. 그러면 팔아야 합니다. 계속 버티면 안 돼요. 모멘텀이 꺾이고 떨어질 때는 또 계속 하락하는 경향이 있으니까요. 투자할 때 가장 중요한 게 자본을 보존하는 것입니다. 자본이 사라지면 회복할 기회도 없고 투자할 기회도 사라집니다. 그런 테일 리스크(tali risk, 발생 확률은 낮지만 한번 터지면 큰 손실을 초래할 수 있는 위험)를 헤지할 수도 있겠지만, 대부분의 경우 헤지 비용이 상당히 많이 듭니다.

**김현석** 매도 타이밍, 매도 원칙은 어떻게 정합니까?

**윤제성** 매수할 때 P/E 기준으로 어느 정도 오르면 팔겠다고 정해놓는 게 좋습니다. 그러면 사실 약간 아쉬울 수도 있어요. 적당히 오르면 팔아야 하니까요. 그게 싫고 아쉽다면, 오르던 추세가 깨지기 시작할 때 파는 방법이 있습니다.

앞서 얘기한 것처럼, 저도 자산의 일부를 모멘텀 투자로 운용합니다. 2022년에 메타의 주가가 주당 90달러까지 떨어졌었습니다. 회사 가치보다 너무 많이 떨어졌다고 생각해서 샀습니다. 그리고 오르길래 130달러대에서 팔았습니다. 단기에 30% 이상 수익률이 났기 때문에 저의 매도 원칙에 따라 판 거죠. 그런데 주가가 계속 올라가 300달러를 넘었습니다. 200% 이상 상승한 거예요. 저는 저점에서 진입했는데 상승분의 절반도 못 챙긴 겁니다. 아쉽죠. 아쉽지만, '쌀 때 사고 적당한 가격에 팔자'라는 저의 셀 디시플린을 지켜서 판 거라 후회하지 않습니다. 비트코인도 처음 산 뒤 4배 정도 올랐을 때 정리했는데, 10배까지 오르더라고요. 저는 그냥 쌀 때 사고 적당한 가격에 파는데, 이런 어마어마한 버블이 나타날 때 큰돈을 벌지는 못합니다. 아쉽긴 하지만 손해는 보지 않아요. 저도 상당한 수익률을 올렸죠.

**김현석** 윤 CIO님도 손절매를 하실 텐데요. 보통은 얼마 정도 깨지면 파나요?

**윤제성** 꼭지를 찍고 내려올 때 20% 정도 떨어지면 팔아야 합니다. 이렇게 되면 얼마나 더 떨어질지 알 수 없는 상태가 되기 때문입니다. 올라가는 주식을 놓친 것은 그렇게 아쉬워할 필요가 없습니다. 기회는 또 오니까요. 하지만 주가가 내려갈 때 손절매하지 못해서 손실이 커지면 다시 회복하기가 힘들어요. 어떤 주식을 샀는데 50% 떨어졌다고 해볼까요? 그 주식이 내가 매수한 가격까지 회복되려면 100% 올라야 합니다. 50% 떨어진 주식이 100% 오르기는 쉽지 않죠.

모멘텀 투자를 할 때는 매일 지속해서 주가를 지켜봐야 합니다. 시간이 굉장히 많이 소요되는 일입니다. 언뜻 쉬워 보이는 전략이지만, 다른 일을 가진 사람은 쉽게 할 수 있는 게 아닙니다. 그래서 개인 투자가들은 조심스럽게 투자하는 게 맞습니다. 또 모멘텀 투자를 한다고 해도 P/E가 60~70배씩 되는 주식을 따라서 사는 것은 좋은 전략은 아니라고 생각합니다. 밸류에이션이 그렇게 높다면 주가가 정점 근처에 있을 가능성이 크니까요.

## 가치 투자자의 기회와 위험 관리

김현석  가치 투자자에게는 기회가 몇 년에 한 번씩 온다고 말씀하셨죠. 2023년에는 뉴욕 증시가 크게 회복하면서 주식 밸류에이션이 전반적으로 높아졌습니다. 그러면 투자를 당분간 쉬어야 하는 것인가요?

윤제성  몇 년에 한 번씩 큰 기회가 오는 거죠. 하지만 기회는 많습니다. 지금 전면적인 경기 침체보다 순차 침체가 나타나고 있다는 얘기가 많은데, 그러면 침체를 맞이한 업종별로 기회가 올 수 있습니다. 주택 시장의 경우 Fed가 금리를 급격히 인상하면서 침체를 맞았다가 벌써 회복될 조짐을 보이는데요. DR 호턴 같은 주택 업체들은 2022년 6월 주가가 급락했다가 벌써 100%씩 올랐습니다. 2023년 들어 상업용 부동산 분야에서 위기가 있을 것이란 경고가 나오면서 그쪽 자산 가격이 많이 내렸습니다. 저는 가치 투자자로서 지금은 아니지만 앞으로 12개월 안에 부동산 분야에서 좋은 기회가 많이 나타날 것으로 생각합니다.

모멘텀 투자에서 중요한 것이 매도 시점과 손절매라면, 가치 투자에서 가장 중요한 것은 진입 시점(entry level)입니다. 투자를 하다 보면 너무 일찍 진입할 수도 있어요. 떨어질 때 사는 게 가치 투자니까 떨어지면 매수하는데, 사고 나서 더 떨어지는 일이 종종 발생합니다. 그래서 가치 투자자는 두 번, 세 번 나눠서 사는 게 좋습니다. 모멘텀 투자와는 다르죠. 모멘텀 투자자는 한 번에 다 사도 되지만 팔 때는 몇 번에 나눠서 팔아야 하고요. 가치 투자자는 나눠서 사고, 팔 때는 한 번에 팔아도 됩니다.

**김현석** 가치 투자자는 진입 시점이 중요하다고 하셨는데요. 무엇을 보고 싸다고 판단해서 들어가십니까? 예를 들어 P/E가 낮아지면 사는 건가요?

**윤제성** 밸류에이션이 제일 중요하죠. 개인 투자자가 가장 쉽게 볼 수 있는 게 P/E겠죠. '향후 12개월 이익 추정치의 몇 배에 거래되느냐'를 나타내는 것으로, 제일 간단한 밸류에이션 개념입니다. 좀 더 정교하게 투자하는 사람은 P/E뿐 아니라 이익, 매출 증가율도 보고요. 또 업황이나 주가가 회복될 수 있는 촉매제(catalyst)가 무엇인지를 잘 따져봐야 합니다. 그런 게 없다면 주가가 더 내려가 회복되지 않을 수도 있으니까요.

그래서 가치 투자자는 해당 기업에 관해 공부를 많이 해야 합니다. 제가 한경글로벌마켓과의 인터뷰에서 "현대자동차가 좋아 보인다"라고 한 적이 있습니다. 그런데 어떤 분이 그 얘기를 듣고 현대차가 아니라 현대차에 납품하는 기업을 연구해서 주식을 샀다고 해요. 그래서 돈을 상당히 벌었다고 하시더군요. 한국 주식 시장에서 자동차 주식이 많이 올라가기는 어렵다는 생각에 현대차 주식은 사지 않았지만, 현대차가 좋아지면 혜택을 볼 수 있는 다른 주식을 찾아봤다는 것입니다.

단기적으로 보면 가치 투자자는 모멘텀 투자자보다 수익률이 뒤질 수 있습니다. 하지만 3~5년으로 따지면 훨씬 나을 수 있습니다.

김현석 저는 증권부에서 일할 때 2001년 9·11 사태를 겪었고, 금융부에 있을 때는 2008년 글로벌 금융위기를 경험했습니다. 또 몇 년 전의 팬데믹은 뉴욕에서 월가를 취재하면서 겪었어요. 그때마다 주가가 폭락했습니다. 그런데 정작 당시에는 주가가 더 내려갈 것 같고, 세상이 망하고 기업도 망할 것 같아서 주식을 살 수가 없더라고요. P/E가 정말 싸졌는데도 말이죠. 윤 CIO님은 그럴 때 무섭지 않았습니까?

윤제성 그렇기에 나눠서 사야 하는 겁니다. 싸다는 것을 아는데도 겁이 나잖아요. 그럴 때는 조금씩 나눠서 사면 됩니다. 그런데 주가가 예상보다 빠르게 회복되는 때도 있어요. 돌아보면 2020년 3월 팬데믹이 미국을 덮쳐서 경제가 봉쇄됐을 때 큰 기회가 있었죠. 반등이 급하게 이뤄졌기 때문에 조금씩 나눠 샀다면 수익이 아주 크진 않았겠죠. 그래도 계속해서 샀으면 수익률은 괜찮았을 겁니다.

김현석 팬데믹 때 윤 CIO님은 어떻게 투자하셨습니까?

윤제성 저는 금융주가 폭락하길래 괜찮을 것으로 생각해 많이 샀습니다. 그래서 큰돈은 못 벌었습니다. 그때 기술주를 샀어야 했는데, 기본적으로 기술주는 비싸다고 생각해서 별로 매수하질 않았죠. 그때 저는 한국 주식을 매수해서 많은 이익을 냈습니다. 주가도 회복했고 환율도 좋아져서 양쪽으로 돈을 벌었습니다. 사실 한국 주식을 사기 전에 한국 투자자들에게 물어봤더니 모두 '한국 주식 사지 마라. 한국 망한다'라고 하더라고요. 저는 한국 사람들이 한국을 너무 비관적으로 본다고 생각해요. 망하긴 커녕 그때가 진짜 뭔가를 사기 딱 좋은 시기였죠.

김현석 가치 투자를 할 때 위험 관리는 어떻게 해야 합니까?

윤제성 기본적으로는 포트폴리오를 운용해야 합니다. AI 관련 주식이 뜬다고 하니까 모든 돈을 AI 관련 주식에 넣는 분도 있어요. 어떤 한국분은 일곱 가지 주식을 보유하고 있는데 모두 배터리 주식이라고 하더라고요. 물론 그런 주식이 뜨면 단기에 큰돈을 벌 수도 있습니다. 하지만 그건 투자가 아닙니다. 단지 운에 맡기는 거죠. 투자는 길게 보고 하는 것입니다.

저는 최소 20~30개 주식으로 구성된 포트폴리오를 갖고 있어야 한다고 생각합니다. 그런데 일반 투자자가 그렇게 많은 주식을 공부해서 선택하기는 쉽지 않죠. 개별 주식을 그렇게 많이 고르기 어렵다면 몇몇 업종별 ETF를 사는 게 좋은 대안입니다. S&P500 지수를 추종하는 ETF를 사도 좋습니다. 기술주 비중이 높긴 하지만 굉장히 다양한 업종이 포함되어 있습니다. 또 S&P500 지수 ETF를 사면 전 세계에 투자하는 것과 같아요. 매출 중 해외 비중이 50%를 넘는 기업이 3분의 1에 달합니다. 아무리 생각해도 개인 투자자가 개별 주식을 사는 건 위험이 큰 것 같아요.

**김현석** 저한테 투자금 1억 원이 있다고 가정해볼게요. 포트폴리오를 짜는 데 어떤 조언을 해주실 건가요?

**윤제성** 포트폴리오의 기본은 주식 60%, 채권 40%입니다. 여기서 거시경제 상황이나 자산 가격을 고려해 비중을 조금씩 조정하는 겁니다. 지난 3~5년을 돌아보면 지금은 주식이 전반적으로 비싼 편이라고 생각합니다. 현재(2023년 3분기) 수준이라면 주식 40%, 채권 40%, 현금 20%로 배분하겠습니다. 저는 2022년 9월

S&P500 지수가 4250 수준일 때 주식 비중을 40%로 줄였고, 지금도 그 수준을 유지하고 있습니다.

**김현석** 그러면 2023년 들어 수익률은 벤치마크에 비해 낮은 것 아닌가요?

**윤제성** 그렇지는 않습니다. 보유한 현금의 40% 정도를 사모 대출 쪽에 투자했는데, 연 12% 이자를 받고 있습니다. 그래서 많이 손해 보지는 않았어요.

**김현석** 12% 이자를 받을 정도라면 대출을 받은 기업이 좋은 기업은 아닐 텐데, 좀 위험하지 않을까요? 특히 사모 대출은 은행에서 정상적으로 대출을 받기 힘든 회사들이 받는 것 아닙니까?

**윤제성** 깨질 수도 있지만 12% 이자를 받으니까요. 그리고 그게 선순위라 그렇게 심하게 망가지진 않을 겁니다. 지금 메자닌, 그러니까 중순위 자산들이 상당히 어려운데, 그래도 선순위는 버티고 있어요.

**김현석** 한국 투자자들이 미국 부동산 분야에서 메자닌 투자를 많이 해왔습니다. 아무래도 선순위보다는 이자를 더 많이 주니까요. 메자닌에 투자하는 것, 어떻게 보십니까?

**윤제성** 시기가 맞으면 좋은 투자 기회가 될 수 있습니다. 한국 투자자들이 미국 부동산 시장에 본격적으로 들어온 게 2012~2013년이었는데 좋은 수익률을 거뒀습니다. 그래서 투자를 지속하고 더 늘렸죠. 계속 좋을 것으로 생각하고 그렇게 들어갔습니다.

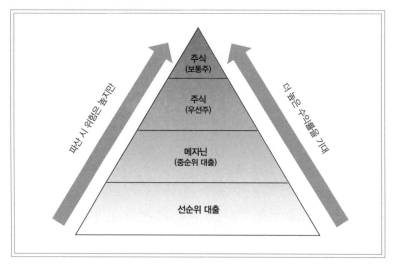

우리(뉴욕생명 자산운용)도 그랬어요. 그런데 우리는 2019년부터는 경기 둔화를 예상하고 선순위 쪽에만 투자해왔죠. 메자닌은 정리하고요. 거시경제가 변화하면 투자 전략도 바뀌어야 합니다. 그런데 돈을 벌게 되면 계속 욕심이 나서 더 많이 사는 경우가 보통입니다. 더 많은 한국 투자자가 더 많이 샀죠. 메자닌, 그중에서도 후순위를 샀습니다. 그건 거의 지분(equity)입니다. 뭔가 사고가 발생한다면 사실상 아무것도 남지 않게 됩니다. 게다가 부동산 중에서도 대부분 오피스 빌딩 자산 쪽으로 몰려 있습니다. 그게 문제입니다.

저는 그런 방식을 바꿔야 한다고 생각합니다. 투자한 자산이 오르면 오를수록 조금씩 팔고 점점 더 노출을 줄여야 한다는 말입니다. 자산 가격이 비싸지면 비싸질수록 조금씩 매각해 위험 부담을 낮춰야죠. 주식도 마찬가지입니다. 어떤 주식의 가격이 폭등하면 포트폴리오 내에서 그 주식의 비중이 커집니다. 그러면 조금씩 매도해서 원래 포트폴리오의 비중으로 맞춰야 합니다. 그런데 보통은 더 오를 것 같아서 욕심을 내게 되죠. 물론 더 사고 싶은 게 인지상정이겠지만, 뛰어난 투자자는 그래서는 안 됩니다. 만약 더 사고 싶다면, 공부하고 연구해서 '좋다'라고 확신할 때 사야 합니다.

하지만 꽤 많은 한국 투자자가 미국 부동산에 투자하면서도 열심히 연구하지 않았어요. 지금 오피스 빌딩의 메자닌에 투자했다가 물린 사람이 많은데요. 물린 게 10개라면 10개 중 2~3개는 돈을 추가로 투입해서라도 살려내야 합니다. 나머지는 손실을 보더라도 말이죠. 그런데 지금 어느 자산을 살릴 것인지, 어느 자산을 손실 처리할 것인지 판단조차 못 하는 투자자들이 있습니다. 남들이 투자해서 돈을 번다고 하니까 별다른 연구 없이 따라서 투자한 것으로 생각할 수밖에 없어요.

김현석 좋은 투자 기회를 잡았을 때 레버리지를 써서 투자하면 큰 이익을 낼 수 있는데요. 윤 CIO님은 레버리지에 대해서는 어떻게 생각하십니까?

윤제성 저는 레버리지 쓰는 걸 좋아하지 않습니다. 그리고 아무나 쓰는 게 아닙니다. 레버리지를 쓰면 기본적으로 이길 확률이 줄어듭니다. 전문용어로 인포메이션 비율(Information Ratio, IR)이 약해져요. 부담하는 위험만큼 이익을 내기 어렵다는 뜻입니다. 혹시 쓰더라도 한 달, 두 달 정도로 기간을 짧게 잡아야 합니다. 상승에 대한 믿음이 굉장히 강할 때만 잠깐 빌려 쓰는 거죠. 이건 공매도와 마찬가지로 위험해요. 시장이 갑자기 예상하지 못한 방향으로 움직이면 큰 피해를 입을 수 있고, 손실을 회복할 기회조차 사라질 수 있습니다. 더욱이 공매도하면서 레버리지를 쓰는 건 정말 위험한 방법입니다.

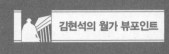

# 미 증시의 아웃퍼포먼스는 계속될까?

세계 투자자들이 미국 주식에 관심을 두는 이유는 간단하다. 미국 증시가 지난 10년 이상 세계 어떤 나라 증시보다 우수한 수익률을 보여왔기 때문이다. 펀드의 성과는 기본적으로 펀드 매니저가 펀드를 얼마나 잘 운용했느냐에 달렸지만, 지난 10년간은 애플·아마존·마이크로소프트·테슬라·엔비디아 등 미국 대형주를 편입했느냐 아니냐가 더 큰 영향을 미쳤다. 미국 주식을 편입한 펀드는 그렇지 않은 펀드보다 더 나은 성과를 낼 확률이 높았다는 얘기다.

MSCI(Morgan Stanley Capital International, 모건스탠리캐피털인터내셔널)에 따르면 S&P500 지수와 MSCI 세계지수는 1970년부터 따졌을 때 2009년까지는 성과에서 거의 차이가 없었다. 하지만 미국 증시가 글로벌 금융위기 하락장에서 벗어난 2009년 4월부터는 확연한 차이가 난다. 뉴욕 증시의 S&P500 지수는 384.1% 폭등했다. 그러나 MSCI 세계지수는 2009년 4월부터 2023년 9월 15일까지 207.14% 상승하는 데 그쳤다. 거의 2배 가까이 차이가 난다. 게다가 미국 증시는 그 기간에 다른 시장보다 훨씬 낮은 변동성(수익률의 표준 편차로 측정)을 나타냈다. 더 높은 수익률을 거두려면 더 많은 변동성 위험을 감수해야 한다는 기본적인 투자 원칙을 벗어난 것이다. 미국 달러도 2010~2022년 유로, 파운드, 엔 등 주요 통화보다 누적 33% 상승(연 2.2%)했기에 환율 측면에서도 미국 자산에 투자하는 게 유리했다.

미국 증시가 더 나은 수익률을 보인 것은 애플, 아마존, 메타, 넷플릭스, 알파벳, 마이크로소프트 등 미국 빅테크가 큰 폭으로 상승해온 것이 핵심 요인이다. 이들 기업은 압도적 성장성과 함께 높은 수익성까지 보여줬다. 이들 덕분에 미국 기업들은 펀더멘털 자체가 다른 나라 기업보다 우수하게 나타났다. 모닝스타에 따르면 2011년부터 2022년까지 S&P500 기업의 매출은 연평균 6.0% 성장했지만, 미국

**⬆ 미국 증시의 아웃퍼포먼스**

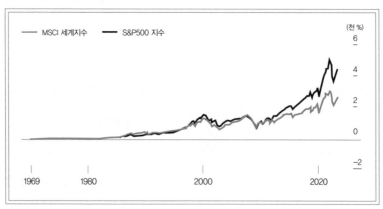

자료: 블룸버그

을 제외한 선진국 증시에 속한 기업의 매출은 거의 늘지 않았다. 미국의 이와 같은 매출 증가율은 신흥 시장 기업보다 거의 3배나 높다. 또 미국 기업들은 자기자본이익률(ROE) 등 경영 효율성 측면에서 앞섰고, 그 결과 더 좋은 재무상태표를 갖고 있다.

미국 기업들은 P/E 측면에서 원래도 유럽·일본·아시아 등보다 높았지만, 2010년 이후에는 격차가 더욱 커졌다. 2023년 9월 7일 기준 S&P500 지수의 P/E는 향후 12개월 이익 추정치를 기준으로 19배에 달하지만, MSCI 세계지수는 16.1배에 그친다. 그것도 미국 증시가 포함되어 있어서 높은 것이다. 미국과 캐나다를 제외한 선진국 지수인 MSCI EAFE 지수는 13배 수준이고, 유로존 10개국만을 따진 MSCI

**⚡ 미국 증시의 높은 P/E**

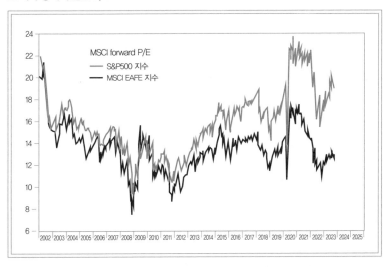

자료: 야데니 리서치

EMU 지수는 11.8배, 영국 증시는 10.2배다. 신흥 시장은 12배이며, 2023년 들어 큰 폭으로 상승한 일본 증시가 14.7배로 그나마 높은 편이다.

월가 일부에서는 국제 주식으로 포트폴리오를 분산할 것을 권한다. 미국 주식의 밸류에이션이 역사적으로 높아진 상태여서 더 나은 수익률을 거두기 어렵다는 것이다. 세계 최대 자산운용사인 블랙록은 "2023년 3월 31일 현재 미국 주식은 해외 주식보다 38% 할증된 가격으로 거래되고 있다"라면서 분산 투자를 권했다. 뱅가드도 "지난 10년 동안 미국 주식 포트폴리오는 비슷한 국제 주식 포트폴리오보다 거의 2배 더 많은 이익을 냈겠지만, 향후 10년은 매우 달라질 수 있다고 믿을 만한 이유가 있다"라고 밝혔다. 미국 주식과 달러의 가치가 공정 가치보다 높고, 국제 주식은 그렇지 않다는 것이다.

역사적으로 국제 주식과 미국 주식은 통상 수익률 측면에서 주기적으로 앞서거니 뒤서거니 해왔다는 분석도 있다. RBC캐피털마켓에 따르면 1975년부터 따졌을 때 국제 주식은 1975~1983년, 1986~1992년, 2004~2010년에 미국 주식보다 더 좋은 수익률을 기록했다. 10년 이상 미국 주식이 강세를 보여온 만큼 평균 회귀 현상(mean reversion)이 나타날 수 있다는 전망이다.

역사적으로 높은 수준에 있는 미 달러 가치가 떨어지면서 다른 나라 통화가 강세를 보일 것으로 예상되는 것도 국제 주식에 유리하다. 소시에테 제네랄은 "1973년 이후 미 달러는 Fed가 마지막으로 기준금리를 인상한 이후 조금씩 기반을 잃는 경향이 있었으며, Fed가 완화 정책으로 돌아서는 순간 매도가 시작됐다"라고 밝혔다. 달러가 약세를 보일 때는 환율 측면에서도 국제 주식이 유리할 뿐 아니라, 미국 이외의 주식은 달러 약세가 이어지는 시기에 일반적으로 미국 주식보다 더 나은 성과를 내는 경향이 있다. 달러가 하락할 때는 통상 세계 경기가 살아나면서 경기순환주 비중이 큰 유럽, 신흥국 등의 증시가 활기를 띤다는 얘기다.

미국의 S&P500 지수가 계속 뛰어난 성과를 낼지는 애플 등 빅테크에 달렸다고 해도 과언이 아니다. 월가에는 미국 주식이 더 나은 성과를 이어나갈 것이란 믿음이 강하다. 미국 시장이 P/E 측면에서는 비싸지만, 기업의 높은 마진 등 강력한 펀더멘털을 고려할 때 이런 프리미엄이 유지될 수 있다는 얘기다. 특히 2023년 AI 붐이 일면서 기술주에 대한 기대가 더 커졌다. 골드만삭스는 생성 AI의 광범위한 채택이 미국 증시의 새로운 돌파구가 되리라고 주장한다. "기업들이 AI 기술을 본격적으로 채택할 경우 생산성 개선으로 향후 20년간 S&P500 기업의 연평균 주당순이익(EPS) 증가율이 5.4%에 달할 것"으로 추정했다. 현재 시장 추정치는 4.9%인데, 이보다 더 많아지리라는 전망이다. 특히 미국 증시엔 AI 부문의 선두주자들이 자리 잡고 있으며, 이에 따라 미국 기업들은 상대적으로 생성 AI에서 얼리 어답터(early adopter)가 될 것으로 봤다.

노령화되는 인구 구조와 탈세계화, 증가하는 부채 등으로 세계 경제가 저성장을 이어간다면 성장성이 높은 빅테크가 상대적으로 주목받을 것이란 관측도 있다. 그러면 기술주 비중이 다른 나라보다 평균 2배가량 높은 미국 증시의 아웃퍼포먼스도 유지될 수 있다. IMF는 2023년 7월 제시한 세계 경제 전망에서 향후 5년간 세계 GDP 성장률 전망치를 2023년 3%, 2024년 3%로 제시했다. 2000년대 초반 4~5%대보다 크게 하락한 수치다.

미국 주식에 비하면 유로존, 영국, 일본, 이머징 마켓 주식은 밸류에이션 측면에서 싸다. 하지만 싼 데는 이유가 있다는 게 골드만삭스의 분석이다. 골드만삭스는 여러 국가로 분산된 포트폴리오가 필요하지만 미국 주식은 높이고, 이머징 마켓은 낮추라고 조언한다. 골드만삭스는 중간 위험 정도를 선택하는 고객이라면 포트폴리오에서 약 2%의 자산을 이머징 마켓에 할당하라고 권한다.

골드만삭스는 2013년 〈물이 빠지는 이머징 마켓〉이란 제목의 보고서에서 "이머징 마켓에는 구조적 약점을 가진 국가가 많다. 중국을 포함한 이머징 마켓에 다소 부정적 견해를 갖고 있다"라고 밝혔다. 주장의 이유는 뚜렷하다. 신흥국 시장보다 미국 기업의 EPS 성장률이 높고, 주가 수익률도 높다는 것이다. 골드만삭스는 미국 주식의 밸류에이션이 비싸더라도 전략적으로 '비중 확대'를 유지하라고 제안한다.

미국의 자산운용사 얼라이언스번스틴은 "확실히 미국 주식은 여전히 견고한 장기 수익률 잠재력을 제공하며 전략적 자산 배분에서 필수적인 구성 요소로 남아 있다. 다만 포트폴리오 다각화와 위험 분산 차원에서 국제 주식으로 다각화하는 것을 검토할 필요가 있다"라고 조언한다.

# WALL STREET

# STREET

## INVESTMENT

# 5장

# 월가 큰손의
# 포트폴리오

'달걀을 한 바구니에 담지 말라.'

서양의 유명한 속담이지만 월가에서도 매우 중요한 투자 원칙으로 꼽히는 말입니다. 만약 하나의 주식에 모든 돈을 투자했는데 주가가 폭락한다면, 전부는 아니더라도 많은 돈을 잃게 될 것입니다. 역시 모든 돈을 하나의 회사채에 투자했는데 그 기업이 파산한다면 큰 손실을 볼 테고요. 이처럼 몇몇 자산에 '몰빵' 투자를 하면 변동성이 커지고 돈을 날릴 위험도 올라갑니다. 월가는 이를 막기 위해 주식과 채권, 현금[예금, 머니마켓펀드(MMF) 등], 원자재 등 하나 이상의 자산 클래스에 분산 투자를 하라고 권합니다. 그게 포트폴리오입니다.

분산 투자를 하면 큰 손실을 막을 수 있습니다. 역사적으로 주식, 채권, 현금 등 세 가지 주요 자산 클래스의 수익률은 동시에 오르거나 내리지 않았습니다. 동일한 시장 상황에서 서로 다른 성과를 보이는 경향이 있죠. 예를 들어 주식은 채권과 음의 상관관계를 보일 때가 많습니다. 큰 폭의 증시 조정이 발생하면 주가는 내리지만 채권 가격은 상승(금리 하락)하는 경우가 잦습니다. 이때는 채권에서 거둔 수익이 주식에서 발생한 손실을 상쇄할 것입니다. 균형 잡힌 포트폴리오가 전체적인 위험을 낮추는 거죠.

자산군 안에서도 다각화가 필요합니다. 주식을 예로 들면 기업 규모(대형, 중형, 소형), 지역(국내 또는 해외), 산업 및 부문별로 다양화할 수 있습니다. 올바른 자산에 분산하여 투자하면 잠재적 이익을 너무 많이 희생하지 않고도 잠재적인 손실을 제한하고 변동성을 줄일 수 있습니다. 젊은 투자자라면 높은 수익률을 위해 성장주 비중을 높이는 등 공격적인 포트폴리오를 짜고, 은퇴를 몇 년 앞둔 분이라면 보수적으로 주식보다 채권과 현금의 비중을 높이면 됩니다.

윤제성 CIO가 이 책에서 가장 중요하게 꼽는 투자 원칙은 잘 분산된 포트폴리오를 짜는 것입니다. 그런 포트폴리오 없이는 지속 가능한 투자가 불가능한 탓입니다. 윤 CIO는 이 책을 읽는 투자자를 위해 자신의 포트폴리오를 공개했습니다. 거시경제 변화 등에 맞춰 어떻게 포트폴리오를 조정하는지도 자세히 설명합니다.

# 주식: 지역, 규모, 경기 사이클에 따라 분산

**김현석** 윤 CIO님은 투자할 때 포트폴리오를 짜서 장기적으로 운용하는 것이 얼마나 중요한지를 여러 번 강조하셨습니다. 그렇다면 본인 개인 자산을 굴리는 포트폴리오는 어떻게 짜서 운용하시는지요?

**윤제성** 포트폴리오는 개인별로 위험 선호 성향에 따라 조금씩 다르겠죠. 젊을수록 주식 등 위험자산을 많이 가져가고, 나이가 들수록 위험자산을 줄이고 안전자산을 늘려야 하는데요. 운용자산이 100이라고 하면 기본적으로는 주식 60, 채권 40으로 투자하는 게 맞다고 생각합니다. 저도 주식 60, 채권 40으로 나눠서 투자합니다. 그리고 경기 사이클에 맞춰 이를 조금씩 변형해서 운용하죠. 기본적으로 경제가 괜찮은 상태에서는 이렇게 운용하다가 경기 침체가 예상될 때는 주식을 40으로 줄이고 20을 현금으로 보유하면서 싸게 살 기회를 기다립니다.

**김현석** 주식에 자산의 60%를 운용하신다고 하셨는데요. 주식도 종류와 지역 등이 다양하지 않습니까? 주식 내에서는 자산을 어떻게 배분하나요?

**윤제성** 주식을 100으로 놓고 본다면 미국 주식에 50%만큼 투자합니다. 그리고 해외 선진 시장(Developed Market, DM) 주식에 20%,

☑ **균형 잡힌 포트폴리오의 장점**

**100% 미국 주식으로
1926~2021년 투자했다면**

- 평균 연간 수익률 12.3%
- 최고의 해(1933) 54.2%
- 최악의 해(1931) −43.1%
- 손해를 본 해 96년 중 25년

**60% 주식, 40% 채권으로
1926~2021년 투자했다면**

- 평균 연간 수익률 9.9%
- 최고의 해(1933) 36.7%
- 최악의 해(1931) −26.6%
- 손해를 본 해 96년 중 22년

**100% 채권으로
1926~2021년 투자했다면**

- 평균 연간 수익률 6.3%
- 최고의 해(1982) 45.5%
- 최악의 해(1969) −8.1%
- 손해를 본 해 96년 중 20년

자료: 뱅가드

해외 이머징 마켓 주식에 10%를 배분하고, 나머지 20%는 투기적인 주식에 투자합니다.

미국 주식 50%는 대형주 25%, 중형주 15%, 소형주 10%를 기본으로 운용합니다. 대형주는 S&P500 지수를 추종하는 ETF를 사면 됩니다. 자신의 성향에 따라 대형주 가치주나 대형주 성장주, 대형주 배당주 등을 적당히 섞어서 투자하면 됩니다. 한국인이 좋아하는 애플과 마이크로소프트, 아마존, 알파벳, 테슬라, 엔비디아 등이 미국 대형주에 포함되어 있습니다.

중형주는 러셀800 지수 또는 S&P400 지수를 추종하는 ETF를 삽니다. 미국에는 3,700여 개 상장 종목이 있는데요. 러셀은 러셀1000(중대형주)과 러셀2000(소형주)으로 나눠 이들 중 3,000개 종목을 커버합니다. 러셀1000은 또 러셀200(대형주)과 러셀800(중형주)으로 나눠집니다. S&P는 S&P500(대형주), S&P400(중형주), S&P600(소형주) 등으로 1,500개 주식을 커버하죠. 러셀800 지수와 S&P400 지수는 비슷하다고 보면 됩니다. 소형주는 S&P600 지수를 따르는 펀드나 러셀2000 지수를 추종하는 ETF를 고르면 되는데, 저는 소형주를 편입할 때 주로 S&P600 지수를 추종하는 ETF를 삽니다. 러셀2000 지수의 문제점은 작은 기업들이 너무 많다는 것입니다. 더 위험하고 이익을 내지 못하는 회사들이 너무 많이 포함되어 있어요. 사실 미국 증시에 상장된 기업의 40%가 돈을 벌지 못하고 있습니다.

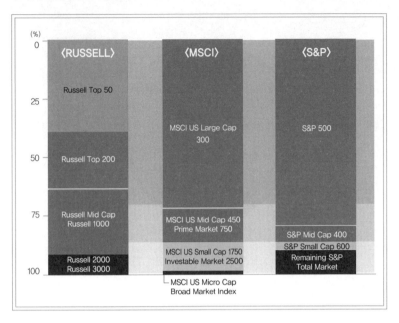

반면 S&P600은 조금 더 크고 돈을 벌고 있거나 이익을 낼 만한 잠재력이 있는 기업들이 속해 있습니다. 물론 소형주가 뜨는 시기에는 러셀2000 지수보다 덜 오르겠지만 좀 더 안전하죠. 지금과 같은 경기 사이클 후반기에는 자본을 불리는 것보다 지키는 것이 중요합니다.

**김현석** CIO님은 대부분 ETF를 통해 투자하시는 것 같습니다. ETF도 종류가 많고 운용사가 다양한데요. 어떤 기준으로 펀드를 선택하시나요?

**윤제성** 네. 일부 주식을 빼면 대부분 ETF를 통해 투자하고 있습니다.

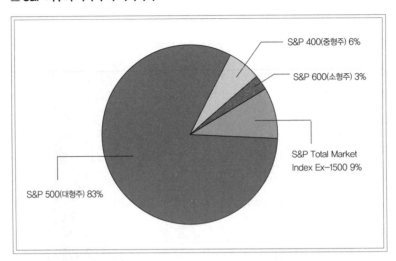

S&P 400(중형주) 6%

S&P 600(소형주) 3%

S&P Total Market
Index Ex-1500 9%

S&P 500(대형주) 83%

자료: S&P

미국에는 블랙록, 스테이트 스트리트, 뱅가드 등 3대 운용사가 있는데요. 블랙록은 ishare, 스테이트 스트리트는 SPDR이라는 브랜드를 쓰고 뱅가드는 사명 그대로 Vanguard 브랜드를 붙인 ETF 상품을 판매합니다. ETF를 고를 때는 유동성(거래량)이 크고 충분한지, 수수료 수준은 어떤지를 비교해보고 삽니다. 수수료를 보면 블랙록에 이따금 엉뚱하게 수수료가 비싼 펀드가 있긴 하지만, 그것만 빼면 세 곳이 비슷한데요. 뱅가드가 전반적으로 수수료가 약간 저렴한 편입니다.

김현석  미국 외에 해외 주식은 어떻게 운용하시나요?

윤제성  선진 시장(주식 비중의 20%) 주식은 일본과 유럽이 대표적입니다. 역시 ETF를 사는데, 일본의 경우 주식선물에도 투자합니다. 2023년 현재 기준으로, 일본 주식은 저렴하고 유럽 주식은 비싸다고 봅니다. 일본은 '잃어버린 30년'을 보내면서 주가가 많이 내렸습니다. 최근에 꽤 올랐지만, 여전히 저렴해 보여요. 일본 정부도 주가를 부양할 의지를 보입니다. 일본 도쿄거래소가 상장기업들에 공문을 보내 주가자산비율(PBR)이 1이 안 되면 상장을 폐지할 수 있다고 경고하기도 했죠. 게다가 일본 기업은 현금을 많이 보유하고 있습니다. 지난 30년 동안 별달리 위험을 감수하지 않고 번 돈을 주로 쌓아놓았기 때문입니다. 주가가 싸고 오를 가능성이 보입니다. 일본에는 업종별로도 다양한 기업이 있습니다. 최근에는 미·중 갈등으로 중국 시장에서 빠져나오는 돈이 일본 시장으로 옮겨가고 있기도 합니다.

유럽 주식에 대해 말하자면 원래 미국 주식보다는 P/E 측면에서 저렴합니다. 대형 기술주, 성장주가 많지 않고 유럽의 성장 잠재력이 미국에 비해 낮아졌기 때문에 주가가 싼 거죠. 그런데 2022년 말부터 주가가 많이 올라서 역사적 수준으로 봤을 때 비싼 편이 됐습니다.

**김현석** 주식 중에서는 이머징 마켓 주식에 10%를 투자한다고 하셨는데요. 이머징 마켓에 투자하려면 중국이 걸립니다. MSCI 이머징 마켓 펀드 같은 걸 보면 중국 비중이 30%가 넘습니다. 그런데 저는 미·중 갈등과 시진핑 중국 주석의 '공동부유' 정책 등을 생각하면 중국에 투자하기가 꺼려집니다. 월가 일부에서는 중국 정부가 갑자기 알리바바 등 기술 기업을 규제해서 중국 기술주가 폭락한 일, 러시아가 우크라이나를 침략하면서 러시아 자산이 폭락한 일 등을 들어 "독재에 투자하지 말라"라고 경고하기도 했잖아요. 예측 가능성이 있어야 투자하는데, 독재자의 의사결정은 예측할 수 없다는 거죠. 이머징 마켓 투자는 어떻게 하시나요?

윤제성  저는 이머징 마켓에서도 ETF를 사는데요. 예를 들면 블랙록의 EEM(iShares MSCI Emerging Markets ETF)이 대표적입니다. 말씀하신 대로 요즘 중국에 대해 걱정하는 투자자가 많아요. 그래서 EMXC(iShares MSCI Emerging Markets ex China ETF) 등 중국을 제외한 이머징 마켓에 투자하는 ETF가 많이 출시됐고 인기가 많습니다. 중국과 타이완을 함께 제외한 ETF도 있죠. 중국이 타이완을 침략할까 봐 걱정하는 투자자를 위한 이머징 마켓 펀드입니다. 저도 지금 이머징 마켓을 산다면 이런 걸 살 것 같아요. 중국 주식이 오를 가능성은 있다고 봅니다. 중국 경제가 부진하기 때문에 주가는 정부가 어떤 재정부양책을 내놓느냐에 달렸죠. 그렇지만 시 주석의 기술 기업 규제, 미·중 갈등, 부동산 침체 등 역풍이 강합니다. 이제는 장기적으로 보고 중국 자산에 투자하기가 좀 꺼려집니다. 월가의 큰 투자자들 중에도 중국 비중을 대폭 줄인 곳이 많고, 아예 철수한 곳도 있습니다. 그래서 저는 중국 노출은 제 포트폴리오의 투기적 주식 쪽에 배분해놓은 돈으로 하고 있습니다. 장기적으로 투자하기보다는 주가가 크게 내리거나 재정부양책이 나올 것 같을 때 기회를 봐서 사고 파는 거죠.

중국 정부가 경기를 살리려면 대대적인 재정부양책을 내놓아야 하는데요. 지금은 망가진 부분만 일부 보수하는 땜질식 부양책만을 내놓고 있습니다. 대규모 부양책을 발표한다면 그동안 부동산 등으로 떼돈을 번 중국 부자들이 다시 살아나겠죠. 시 주석이 그런 걸 싫어해서 조심스럽게 접근하고 있지 않나 추측합니다.

이머징 마켓에는 인도가 속해 있는데요. 인도는 발전 가능성이 큰 나라입니다. 다만 인도의 문제는 그런 경제 성장을 주식 시장이 제대로 반영하지 못하고 있다는 것입니다. 경제가 10% 성장한다면 이론적으로는 인도 증시의 센섹스(SENSEX) 지수 ETF도 10% 올라야 하는데 그렇지 못합니다.

**김현석** 주식에 배분한 돈 가운데 20% 정도를 투기적인 주식에 운용한다고 하셨습니다. 지금은 이 돈을 중국 자산을 사고파는 데 쓰고 있다고 하셨는데요. 그러니까 이 돈은 장기 투자가 아니라 단기적으로 기회가 보이는 주식을 트레이딩하는 데 쓰는 것이군요.

**윤제성** 맞습니다. 대표적인 사례가 2022년에 메타 플랫폼 주식을 샀다가 판 것입니다. 저는 기술 회사들은 좋아하지만, 기술주는 주가가 비싸서 잘 사지 않습니다. 그런데 앞서 잠깐 소개한 사례지만, 2022년 10월에 메타가 주당 90달러대까지 떨어졌어요. P/E가 10배 초반에 불과할 만큼 하락한 거죠. 비싸지 않은 정도가 아니라 가치주로 봐도 싼 수준이었습니다. 그래서 투기적 주식에 배분해놓은 돈으로 메타를 90달러대 수준에서 몇 번에 걸쳐 샀습니다. 그리고 2023년 초에 130달러 수준에서 팔았습니다. 이후 한때 300달러 수준까지 계속 올랐죠. 너무 일찍 팔긴 했지만 그래도 단기에 30% 이상의 수익률을 거뒀습니다.

이렇게 투자할 때는 주의할 점이 있습니다. 주가가 내려서 싸지면 사는 전략이잖아요. 그럴 때는 두 번 또는 세 번까지 나눠서 매수할 생각을 하고 들어가야 합니다. 처음에 내가 살 때가 바닥이 아닐 수도 있으니까요. 더 떨어지면 또 사겠다는 생각을 하고 들어가는 거죠. 한 번에 몽땅 사버리는 게 아닙니다.

**김현석** 지금까지 설명해주신 포트폴리오는 경제가 지금처럼 어느 정도 괜찮을 때, 즉 미국이나 글로벌 경제가 침체가 아닐 때를 가정한 것이잖아요. 그러면 만약 상황이 바뀔 때, 그러니까 세계 경제나 미국 경제가 침체에 빠지거나 호황을 누릴 때는 포트폴리오를 어떻게 바꾸나요?

**윤제성** 미국 경제가 침체를 맞을 것 같으면 미국 주식에서는 펀더멘털이 약한 소형주 노출을 줄입니다. 경기가 좋지 않으면 가장 큰 타격을 받는 기업들로 구성되어 있거든요. 해외 주식에서도 이머징마켓 비중을 축소합니다. 사실 미국이 침체에 들어가면 웬만한 나라는 다 같이 끌려들어 갑니다. 특히 이머징 마켓이 그렇습니다. 미국에 수출해서 먹고사는 나라들이 많으니까요. 그렇게 소형주와 이머징 마켓 비중을 줄여서 현금을 보유하고 있다가, 이들의 주가가 충분히 내려가면 다시 싸게 살 기회를 노립니다.

호황이 예상될 때는 반대로 하면 됩니다. 소형주를 늘리고, 이머징 마켓 비중을 높이는 거죠. 기술주, 성장주에 대한 노출도 늘립니다. 즉 그때는 하이 베타 자산을 많이 사야 합니다. 앞서 짚었듯이, 베타라는 건 시장 변동성과 비슷한 변동성을 가진 자산을 말하는데요. 그러니까 하이 베타 자산은 시장이 오를 때는 벤치마크인 시장 수익률보다 더 많이 오르는 변동성 큰 자산을 뜻합니다. 호황이 올 것 같으면 투기적 자산에 투자하려고 갖고 있던 현금을 하이 베타 자산에 투자할 것입니다.

## 채권: 경제 상황과 인플레이션 수준, Fed 움직임을 주시하자

**김현석** 지금까지 포트폴리오의 60%를 차지하는 주식에 대해 말씀하셨습니다. 그럼 40% 비중을 할당한 채권 포트폴리오는 어떻게 짜서 운용하고 계시는지요?

윤제성　채권에는 많은 종류가 있습니다. 우선 국채가 있고, 회사채에는 하이일드 회사채와 투자등급(신용등급 BBB 이상) 회사채가 있습니다. 그 밖에 MMF, 뱅크론(Bank loan debt)도 있고요. 경제가 괜찮을 때는 간단하게 AGG(미국에서 거래되는 만기 2~10년의 투자등급 채권에 대한 채권 시장 지수 'Bloomberg US Aggregate Bond Index'를 추종하는 ETF)에 50%를 넣고, 하이일드 채권에 30%, MMF 같은 현금 등가 채권에 20% 정도를 투자합니다.

김현석　경기 침체가 예상될 때는 채권 포트폴리오를 조정하시나요?

**⬇ 미국 채권 시장의 구조**

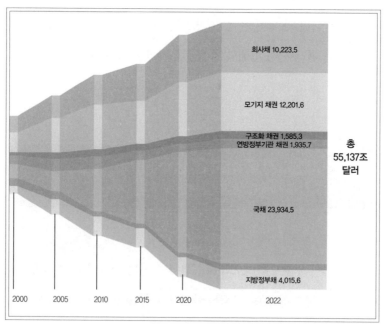

회사채 10,223.5

모기지 채권 12,201.6

구조화 채권 1,585.3
연방정부기관 채권 1,935.7

총
55,137조
달러

국채 23,934.5

지방정부채 4,015.6

2000　2005　2010　2015　2020　2022

자료: SIFMA

**윤제성** 지금은 경기 사이클 후기라서 금리가 높습니다. 경기가 달아오르고 인플레이션이 생기니까 Fed가 과열된 경기와 인플레이션을 식히기 위해 금리를 올린 거죠. 금리가 높아지고 이것이 경기를 둔화시키는 게 바로 경기 사이클 후기의 특징입니다. 지금이 그럴 때이고 그래서 금리가 높죠. 이럴 때는 두 가지 전략이 있습니다.

하나는 듀레이션이 짧은 하이일드 채권에 투자하는 것입니다. 하이일드 채권은 금리가 매우 높은데요. 미국은 투기등급에도 괜찮은 기업이 많이 속해 있어서 그렇게 심각한 경기 침체가 오는 게 아니라면 크게 망하지는 않습니다. 또 하이일드 채권 중 가장 높은 등급인 BB등급 채권만 편입하는 HYBB, SDHY(PGIM Shrt Duratin Hgh Yld Opprtnts Fund) 같은 상품은 그리 위험하지 않습니다. 가격은 내려가겠지만 발행 기업이 파산하지만 않으면 다시 회복될 수 있어요. 그사이에는 쿠폰을 7~8%씩 받으면서 버티는 거죠. 즉 위험하니 현찰을 MMF 등에 넣어놓고 연 4%대 수익률을 거두느냐, 아니면 조금 위험하긴 하지만 하이일드 ETF를 사서 연 7~8% 수익률을 올리느냐 하는 선택의 문제죠.

두 번째 전략은 침체가 와도 흔들리지 않을 높은 품질의 채권에 투자하는 것입니다. 국채도 좋고 투자등급 회사채도 좋습니다. 이런 자산은 듀레이션이 길어도 됩니다. 저는 국채에 투자할 때는 주로 20년물 이상 장기 국채에 투자하는 TLT를 사고팝니다.

김현석 미국의 경기가 잘 꺾이지 않고 있고 인플레이션도 끈질기게 버틸 수 있는 만큼 금리가 많이 떨어지지 않을 수도 있습니다. Fed도 계속해서 '높은 금리를 장기간 유지하겠다(higher for longer)'라고 강조했고요. 그래서 월가에서는 국채도 듀레이션을 짧게 갖고 가라는 권유가 많던데요.

윤제성 저도 미국의 인플레이션이 장기적으로 3%대를 유지할 것으로 봅니다. Fed의 목표인 2%대로 떨어지기는 쉽지 않다고 생각합니다. 탈세계화와 제조업 리쇼어링 등으로 상품 가격이 올라가고, 베이비붐 세대가 은퇴하면서 노동인구는 모자라는데 빡빡한 이민법 때문에 이민은 제한되어 있습니다. 이는 임금 상승 압력을 지속시킬 수 있죠. 또 연방 정부는 팬데믹이 끝났는데도 지속해서 많은 돈을 쓰면서 팬데믹 이전보다 훨씬 높은 수준의 재정적자를 내고 있습니다. 이 모든 게 인플레이션을 심화하는 요인입니다.

신재생 에너지 전환을 서두르는 것도 인플레이션을 자극하죠. 에너지 전환에 많은 재정이 투입되고 화석연료 쪽에는 투자가 감소하고 있어서 유가가 꾸준히 강세를 보일 것으로 전망합니다. 그래서 한때 '채권왕'으로 불렸던 유명 투자자 빌 그로스는 미 국채 10년물 수익률이 연 4.5%로 오를 것이라고 말하기도 했습니다. 인플레이션이 3%대를 유지할 것이고 10년물은 그보다 통상 150bp(1bp는 0.01%포인트) 높은 수준에서 거래되어왔다는 주장입니다. 저는 10년물 수익률이 4.5% 이상으로 올라갈 수 있다고 생각하지만 결국은 3%에서 3.5% 사이로 내려올 것으로 예상합니다. 왜냐하면, 10년물 금리가 4.5%를 넘으면 미국 경제가 버티기가 쉽지 않기 때문입니다.

지난 몇 년간은 팬데믹 때 뿌린 공짜 돈 덕에 사람들이 2조 달러가 넘는 잉여저축을 갖고 있었죠. 그런데 그것도 이제 거의 고갈됐어요. 거기에 유가가 배럴당 90달러, 100달러로 오른다면 경기 침체 확률은 더 높아집니다. 침체가 닥친다면 Fed는 기준금리를 내릴 수밖에 없습니다. 인플레이션이 3%대로 높게 유지되기 때문에 기준금리를 옛날처럼 다시 제로 수준까지 내리기는 어렵더라도 3% 정도까지는 떨어뜨릴 것입니다.

저는 그래서 꾸준히 TLT를 사고 있습니다. 채권 금리가 올라가면 그때마다 조금씩 사면 된다고 생각합니다. 10년물 수익률이 연 3.5%까지는 언제든 내려갈 수 있다고 보고 있습니다. 만약 미국 경제가 연착륙하거나 순차 침체에 들어간다면 기준금리든 10년물 금리든 그렇게 많이 떨어지지는 않겠지만요. 하지만 저는 인플레이션이 3% 수준을 지키면 Fed가 '골디락스(goldilocks)'라고 좋아하면서 가만히 지켜만 보고 있으리라고 생각하지 않습니다. 기준금리를 더 인상할 것이고, 결국은 시간 문제일 뿐이지 순차 침체가 아닌 전면적인 경기 침체가 나타날 것으로 생각합니다.

김현석 경기가 호황을 맞을 때는 채권 포트폴리오를 어떻게 조정하나요?

윤제성 그 전에 경기가 최악으로 갔을 때 저는 하이일드 채권을 살 것입니다. 최악에 이르렀다면, 이후엔 조금씩 나아지니까요. 그럴 때 가장 많이 오르는 게 하이일드 채권입니다. 최악의 상황에서는 쿠폰을 받으면서 기다리다가, 경기가 서서히 개선되면서 채권 가격이 오르는 걸 즐기면 됩니다.

여러 번 말씀드렸지만, 미국 하이일드 채권은 그리 위험하지 않습니다. 특히 이번 경기 사이클에서는 더욱 그래요. 하이일드 등급에 에너지 회사들이 꽤 많은데, 유가가 크게 내려가지 않고 있기 때문입니다. ESG가 유행하면서 공급이 구조적으로 부족해져 침체가 온다고 해도 과거처럼 국제 유가가 배럴당 30~40달러까지 내려가지는 않을 겁니다. 에너지 회사 말고도 펀더멘털 좋은 업종들이 많아요. 하이일드 채권은 모두가 공포에 떨 때 사면 됩니다.

## 그 외 원자재와 부동산 투자

김현석 에너지를 좋게 보고 계신데, 원자재 투자는 어떻게 하십니까?

윤제성 저는 투기적 용도로 놔둔 돈의 일부를 원자재에 투자하고 있습니다. 보통은 전체 포트폴리오의 5% 정도를 원자재에 투자하는데요. 앞으로는 길게 봐서 15%까지 늘리려고 합니다. 그만큼 원자재 전망이 좋아 보여요. 에너지는 주로 ETF를 통해 투자하는데 OIH(VanEck Oil Services ETF), XOP(SPDR S&P Oil & Gas Exploration & Production ETF), XLE(Energy Select Sector SPDR Fund), VDE(Vanguard Energy ETF) 등을 사고팝니다. 단기적으로는 유가가 배럴당 90~100달러를 넘으면 경기 침체 확률이 높아지니까 팔아야겠지요. 2년 전에는 유가가 배럴당 120달러가 넘어도 미국 경제가 잘 버텼는데, 지금은 잉여저축이 대부분 소진된 상황이어서 미국 소비자들이 버티기가 쉽지 않으리라고 생각합니다.

구리와 니켈 등 기본 금속의 경우, 지금 경기 사이클 후기인 데다 중국의 경제 회복이 예상보다 부진해서 가격이 내려갔는데요. 장기적으로는 오를 것으로 봅니다. 탄소 제로 사회로 가는데 이런 금속들이 많이 쓰이는 데다, 탈세계화 영향으로 수급이 꼬일 수 있다고 봅니다. 농산물 가격도 기후변화 때문에 오를 것 같습니다. 모든 원자재가 좋아 보여요.

김현석 부동산 투자는 어떻게 하십니까?

윤제성 저는 부동산은 실물 위주로 투자합니다. 뮤추얼 펀드 등을 통해 부동산에 투자할 수 있는데요. 중요한 것은 전문가가 직접 운용하는 펀드에 액티브 투자를 해야 한다는 것입니다. 부동산은 겉으로는 비슷해 보여도 특정 자산의 입지나 구조 등에 따라 수익률이 크게 달라집니다. 표준화되어 있지 않은 자산인 만큼, 투자를 한다면 잘 아는 전문가에게 맡기는 게 중요하다고 생각합니다.

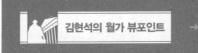

# 다음 위기는 상업용 부동산에서 터진다?

경기 침체는 통상적으로 '2개 분기 연속 마이너스 경제 성장'으로 정의된다. 미국에서는 1930년대 초 대공황 이후 열네 번의 경기 침체가 발생했다. 평균적으로 6~7년에 한 번씩 찾아왔다. 물론 간격이 이보다 훨씬 길거나 짧을 때도 있었다. 예를 들어 2008년 글로벌 금융위기 직후 불황 시기부터 2020년 팬데믹으로 침체가 생길 때까지는 12년이 걸렸다. 반면 1980년과 1981년 경기 침체는 1년 만에 찾아왔다. 그래서 이를 '더블 딥(double dip, 이중 침체)'이라고 부르기도 한다.

경기 침체의 원인은 대략 네 가지다. 공급 충격과 긴축적 통화정책, 금융위기, 그리고 주택 시장 붕괴다. 대개는 이들 요인 몇 개가 겹쳐서 불황을 일으킨다. 이 중에서 공통으로 꼽히는 요인이 바로 Fed의 긴축적 통화정책이다. 오일쇼크도 긴축이 더해지면서 충격이 커졌고, 2001년 닷컴 버블 붕괴나 2008년 글로벌 금융위기도 마찬가지였다. 긴축 없이 발생한 경우는 2020년 코로나바이러스 팬데믹으로 인한 침체가 거의 유일하다. 실제 역사를 보면, Fed가 긴축에 들어가 미국 경제를 연착륙시킬 확률은 그리 높지 않다. 투자 연구 기관인 네드 데이비스 리서치에 따르면, 1955년 이래 열두 번의 기준금리 인상 주기 (3회 이상 금리 인상이 이어진 경우)가 있었는데 이 가운데 아홉 번은 경기 침체로 이어졌고, 세 번만 불황을 면했다. 통상 첫 번째 금리 인상 후 첫해는 경제가 좋았지만, 1년 차가 지나면 둔화하기 시작했다. 그리고 중앙값으로 25개월 뒤 불황이 시작됐다.

그래서 2023년 3월 실리콘밸리은행(SVB)을 포함한 지역은행 3곳이 갑자기 무너지자 월가에선 경기 침체의 공포가 커졌다. 긴축의 효과가 금융위기로 이어질 것이란 관측이 강하게 대두했다. Fed가 긴급히 은행기간펀딩프로그램(BTFP)을 만들어 가치가 떨어진 국채 등을 담보로 액면가 가치로 은행들에 돈을 대출해주면서 위기는 일단락됐다. 재무부는 부실 은행들을 정리하고 대형 은행에 합병시킴으로써 추가적인 뱅크런을 막았다.

월가에서는 미국 경제에 갑작스러운 충격을 줘 경착륙을 유발할 수 있는 다음 뇌관으로 상업용 부동산(CRE)을 꼽는다. CRE에서 대규모 부실이 발생한다면 부동산 대출 비중이 높은 은행들이 무너지면서 다시 한번 위기가 발생할 수 있다고 관측한다.

금리 상승으로 은행권에서는 2022년 이후 예금 유출이 이어지고 있다. 특히 중소 지역은행들이 자금난을 겪고 있는데, CRE 대출을 많이 취급해온 이들 은행은 어쩔 수 없이 대출 기준을 높이고 있다. 이런 상황에서 많은 CRE 투자자가 모기지 재융자가 필요한 시기를 맞고 있다. 무디스 애널리틱스에 따르면 2023~2024년 약 1조 4,000억 달러 규모의 CRE 모기지가 만기를 맞는다. Fed의 제롬 파월 의장은 2023년 6월 의회 청문회에서 "상업용 부동산 대출이 집중된 중소 은행을 주시하고 있다"라고 밝혔다.

실제 수익성이 낮고 가치가 떨어진 CRE를 중심으로 심심치 않게 채무불이행 소식이 나온다. 팬데믹 이후 도심이 붕괴한 샌프란시스코에서는 객실 규모 1, 4위 호텔인 힐튼 샌프란시스코 유니온스퀘어와 파크55가 2023년 6월 파산했다. 소유주인 파크호텔앤리조트가 이들 호텔과 관련된 7억 2,500만 달러의 모기지 상환을 포기하고 은행 등에 넘기기로 한 것이다. 이 도시 최대 쇼핑센터인 샌프란시스코센터를 운영해온 웨스트필드도 5억 5,800만 달러에 달하는 CRE 모기지 상환 중단을 선언하고 파산했다.

CRE 위기가 은행 위기로 전이되리라고 보는 측에서는 다음과 같은 위협 요인을 지적한다.

① CRE 가격 하락세가 가팔라지고 거래량이 크게 감소했다.
② 전체 은행 대출 자산에서 CRE 대출이 24%를 차지한다.
③ 주거용과 달리 만기 5년 미만의 변동금리 대출이 대부분이다.
④ 2023년까지 만기가 도래하는 규모가 약 1조 4,000억 달러에 달한다.

⑤ 대출이 취약한 중소 은행에 집중되어 있다(자산 규모 1,800억 달러 미만의 중소 은행이 대출 70%를 갖고 있다).

CRE 가격 하락으로 재융자가 이뤄지지 않으면 채무불이행이 확산될 수 있다. 이는 중소 은행의 자산 건전성 악화로 이어질 것이고, 뱅크런 재발 우려가 커진다.

월가 금융사 대부분은 CRE 가격 하락이 심각한 위기로 번질 확률을 크게 보지는 않는다. 그 이유는 다음과 같다.

① CRE 대출은 주거용 아파트 43%, 사무용 빌딩 19%, 산업 시설(물류센터, 데이터센터 등) 8%, 호텔 7% 등으로 구성되어 있다. 이 중 문제가 되는 건 사무용 빌딩이다. 주거용, 산업 시설 등을 제외하면 2024년까지 만기가 도래하는 금액은 6,000억 달러에 그친다.

② 은행 건전성은 2008년 금융위기 이후 대폭 개선됐다. CRE에 대한 담보대출비율(LTV)도 금융위기 전 60%대 후반에서 현재 50% 후반으로 낮아졌다. 또 금융 시스템 안정에 중요한 대형 은행들은 CRE 대출 비중이 30%에 불과하다.

③ CRE에서 채무불이행이 발생하더라도 손실은 점진적으로 반영될 것이다. 2007~2008년 금융위기 당시 상업용 부동산 모기지 채권(CMBS)의 누적 손실률은 1~3년간 1~3% 미만에 그쳤다.

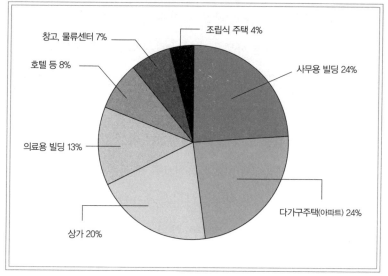

**미국의 CRE 시장 구조**

- 창고, 물류센터 7%
- 조립식 주택 4%
- 사무용 빌딩 24%
- 호텔 등 8%
- 의료용 빌딩 13%
- 다가구주택(아파트) 24%
- 상가 20%

자료: 모건스탠리(2023년 5월 기준)

손실률이 높아진 것은 5년이 지나서인데, 청산까지 많은 시간이 소요되기 때문이다.

④ 문제가 커지면 미 재무부와 Fed가 2023년 3월처럼 단기 유동성을 제공하는 등 신속하게 대응할 것이다.

일부에서는 투자심리 악화로 가격이 하락한 CRE를 저가에 매수하려는 움직임도 나타나고 있다. 스타우드 캐피털의 베리 스턴리히트 회장은 2023년 7월 블룸버그 인터뷰에서 "Fed라는 먹구름을 뚫고 들어오는 태양을 볼 수 있을 때 투자하기 시작할 것이다. Fed가 기본적으로 긴축이 완료됐다고 말할 때 부동산은 매우 확고한 가격을 보게 되리라고 생각한다"라고 밝혔다. 실제 샌프란시스코에서는 2023년 하반기에 5개의 대형 사무용 빌딩이 팔렸거나 매매 계약이 이뤄졌다. 물론 대부분이 팬데믹 이전에 평가받던 가치의 절반 이하에서 거래됐다.

Fed는 '높은 금리를 오랫동안 유지하겠다'라고 강조했다. 인플레이션이 둔화하고 있지만, 에너지와 음식료를 제외한 근원 물가는 여전히 Fed의 목표인 2%를 크게 웃돈다. 높은 금리가 장기간 지속되면서 CRE 가격의 추가 하락을 부른다면, 투자자들의 손실은 커질 수밖에 없을 것이다.

한국에서도 미래에셋 계열사인 멀티에셋자산운용이 홍콩 골딘파이낸셜글로벌센터 빌딩 대출을 위해 만든 펀드 자산을 90% 상각하기로 했다. 다만 이런 일이 대규모로 확산해 은행권 부실로 번지고, 이것이 또 다른 경제위기로 이어질 가능성은 지금으로선 크지 않아 보인다.

월가 금융사 대부분은 CRE 가격 하락이
심각한 위기로 번질 확률을 크게 보지는 않는다.
CRE에서 채무불이행이 발생하더라도
손실은 점진적으로 반영될 것이다.

# WALL STREET

# STREET

## INVESTMENT

# 6장

# 월가는 어떻게
# 투자를 결정할까?

뉴욕 증시의 대장주 애플의 주가는 2018년 2월 주당 40달러대 중반(2020년 8월 주식분할을 고려해 환산한 주가)이었습니다. 골드만삭스는 이런 애플에 대해 "아이폰 매출이 내림세를 보일 것"이라며 '중립(neutral)' 투자 의견을 제시했습니다. 2020년에는 "팬데믹 상황에서 아이폰 실적이 실망스러울 것"이라며 '매도(sell)'로 투자 의견을 더 낮췄습니다. 이러던 골드만삭스가 2023년 3월 거의 6년 만에 투자 의견을 '매수(buy)'로 제시했습니다. "강력한 브랜드 충성도를 기반으로 서비스 부문 이익이 늘어날 것"이라면서 두 손을 든 겁니다. 애플의 주가는 2018년부터 2023년 사이에 4배 가까이 올랐습니다. 2023년 7월에는 주당 198달러의 사상 최고가를 기록하기도 했습니다. 골드만삭스의 리서치 보고서를 믿고 투자했다면 낭패를 봤을 것입니다.

월스트리트에는 수많은 정보가 흐릅니다. 정보는 효율적 자본 시장을 이루는 근간이죠. 〈월스트리트저널〉, 〈파이낸셜타임스〉, 블룸버그, 로이터, CNBC, 마켓워치, 〈배런스〉 등 각종 미디어에서는 24시간 돈과 관련된 뉴스를 쏟아냅니다. 골드만삭스, JP모건, 뱅크오브아메리카, 모건스탠리, 씨티그룹, 제프리스, 스티펠, 에버코어ISI 등 여러 IB는 경제와 시장을 분석한 리서치 보고서를 펴냅니다. 리처드 번스타인, 올프 리서치, BCA 리서치, 스트레티가스, 펀드스트랫 등 독립 리서치 회사들도 읽을거리를 만들어냅니다.

　정보는 넘칩니다. 물론 거짓 정보도 있죠. 돈이 되는 정보를 잘 골라내 소화하고, 그걸 기반으로 투자를 결정하는 게 성공 투자의 관건입니다. 월스트리트에서 30년 이상 실제 투자를 해온 윤 CIO는 이 많은 정보 속에서 어떻게 좋은 정보를 골라낼까요?

## 자주 참고하는 언론 매체와 눈여겨보는 이코노미스트

김현석  윤 CIO님은 월가에서 30년 이상 일해왔습니다. 매일 중요한 투자 결정을 내려야 하는 직업에 몸담고 계신데요. 하루를 어떻게 보내십니까? 주로 무엇을 보고 어떻게 판단하십니까?

윤제성  투자 판단을 하는 데는 뉴스, 월가에서 나오는 리서치 페이퍼가 중요한 소스입니다. 아침에 일어나면 블룸버그 뉴스를 봅니다. IB가 내놓는 리서치 페이퍼는 분석 과정을 거친 것이기 때문에 뉴스보다 늦죠. 지금 시장에서 발생하는 일 중 무엇이 이슈인지를 파악하는 데는 블룸버그 뉴스를 보는 게 가장 빠르고 정확하다고 생각합니다. 블룸버그는 종일 모바일 폰과 전용 단말기 등을 통해 지켜봅니다.

김현석  미국 시장을 다루는 매체는 블룸버그 말고도 CNBC나 〈월스트리트저널〉 등 여러 가지가 있는데요. 블룸버그를 주로 보는 이유가 따로 있나요?

윤제성  언론 매체는 많죠. 그중 어디가 가장 신뢰할 수 있는 곳인지 골라내야 합니다. CNBC는 시장이 오를 때는 좀 강세론(bullish)으로 움직이고, 좋지 않을 때는 약세론(bearish)으로 갑니다. 좀 치우치는 경향이 있어요. 그래서 투자자들에게 인기는 좀 더 많지만 노이즈(noise)도 많아요. 제가 일부러 CNBC를 찾아볼 때가 있는데, 전쟁 등 시장에 큰 영향을 주는 이벤트가 생겼을 때입니다. 그 분야에서 가장 뛰어난 전문가가 CNBC에 나오거든요. CNBC가 힘이 있으니까 그런 사람을 금세 데리고 나와요. 하지만 약간 인기영합주의(sensationalism)에 치우쳐 있어서 매일 보지는 않아요.

블룸버그는 그런 경향이 좀 덜합니다. 아침에 일어나 밤새 중국 등 아시아 시장에서 무슨 일이 있었는지, 유럽에서 어떤 일이 일어났는지 파악하는 데도 블룸버그가 가장 신속하고 정확하다고 생각합니다.

〈월스트리트저널〉과 〈파이낸셜타임스〉도 자주 봅니다. 젊었을 때는 꽤 많이 읽었는데, 요새는 헤드라인 제목만 훑어보고 지나갈 때가 많습니다. 바쁘다 보니까 그렇습니다. 주말에는 〈배런스〉를 꼭 찾아서 봅니다. 뭘 잘 맞히고 아니고를 떠나서 생각보다 다양한 토픽을 다룬 기사가 많거든요.

그리고 꼭 찾아서 읽는 잡지가 있는데 바로 〈이코노미스트〉입니다. 제가 월가에 처음 입문했을 때 높은 분들 가운데 '〈이코노미스트〉만 읽는다'라는 분들이 많았어요. 그때는 어려서 왜 그런지 몰랐습니다. 그런데 보다 보니 〈이코노미스트〉에는 오늘 내일 당장의 얘기보다는 세계 경제를 멀리 내다보는 이야기들이 많더군요. 우리 같은 사람들은 매일 가까이에서 시장도 봐야 하지만, 멀리서 세계 경제가 어떤 큰 방향으로 움직이는지도 항상 알고 있어야 합니다. 그런 걸 보려고 〈이코노미스트〉를 꼭 읽습니다.

**김현석** 〈이코노미스트〉는 예전보다는 영향력이 좀 줄어든 것 같은데요.

**윤제성** 네. 전체적인 편집 방향이 좀 진보적으로 기울긴 했습니다. 그런 것도 알고 읽어야 합니다. 하지만 여전히 글로벌 경제의 방향을 중장기적으로 조망하는 좋은 글이 많이 실린다고 생각합니다.

**김현석** 리서치 페이퍼는 주로 어디 것을 보십니까? 골드만삭스 등 대형 IB들도 많이 펴내지만, 독립 리서치 회사들도 많은데요.

**윤제성** 아침에 일어나자마자 뉴스를 확인하고 나서는 리서치 페이퍼를 찾아봅니다. 그런 뉴스와 시장 움직임에 대해 여러 투자자가 어떤 관점으로 바라보고 어떻게 분석하는지를 보는 거죠. 시각은 다양하고 여러 가지가 있을 수 있습니다. 정답을 찾는 게 아니라 사람들이 어떤 생각을 하는지, 내 생각을 바꿀 만한 아이디어나 인사이트가 있는지를 찾아보는 것입니다. 골드만삭스와 씨티그룹, JP모건, 뱅크오브아메리카에서 나오는 보고서를 골고루 봅니다.

**김현석** 리서치도 거시경제와 종목, 자금흐름(flow & liquidity) 등 많은 분야를 다룹니다. 어떤 곳이 어느 분야에서 가장 정확하거나 좋다고 평가하십니까?

**윤제성** 전통적으로 거시경제 분석은 골드만삭스가 좀 강하죠. 지금 수석 이코노미스트인 얀 하치우스도 잘하는 것 같습니다. 빌 더들리 전 뉴욕 연방은행 총재도 골드만삭스의 수석 이코노미스트 출신입니다. 주식 전략 쪽에서 골드만삭스는 오른다거나 내린다거나 식의 강한 신념을 담은 주장을 잘 하지 않아요. 중간에서 이도 저도 아닌 것 같다는 느낌을 주죠. 그래서 신경 써서 보지는 않습니다. 제일 균형 잡힌 것 같긴 하지만요.

JP모건과 뱅크오브아메리카는 업종 리서치가 괜찮습니다. 자금 흐름 쪽 리서치는 JP모건에서 나오는 자료를 봅니다. 시장에서 자금이 어떤 방향으로 움직이는지를 짐작할 수 있습니다.

김현석 골드만삭스의 하치우스 이코노미스트를 말씀하셨는데요. 지금 월가에서 좋아하는 이코노미스트 세 명을 꼽으신다면요?

윤제성 하치우스가 제일 잘하는 것 같아요. 지난 10년 동안 수석 이코노미스트로서 계속 일해왔는데, 꾸준히 괜찮아요. 최근에는 씨티그룹 리서치의 앤드루 홀렌호스트 이코노미스트도 주시하고 있어요. 젊고 시작한 지 오래되진 않았지만 괜찮은 것 같아요. 보고서를 읽어보면 논리가 탄탄합니다. 전반적 시각이 약세론 쪽이긴 한데 Fed 정책이나 거시경제를 예측할 때는 잘 맞히더라고요. JP모건의 마이클 페롤리 수석 이코노미스트가 쓴 보고서도 자주 읽습니다. 예전에 브루스 캐스먼이 JP모건의 거시경제 리서치를 이끌 때는 자주 봤는데요. 페롤리는 괜찮긴 하지만 자기 의견을 강하게 내세우지는 않는 사람입니다.

**김현석** 미래를 다 맞히는 사람은 없죠. 사실 Fed가 2022년 3월부터 기준금리를 급하게 올리면서 월가 이코노미스트 대부분은 2023년부터 경기 침체가 올 것이라고 봤습니다. 그런데 경기 침체는 오지 않았죠. 그리고 지금은 대부분 연착륙이 가능하다고 예측합니다. 주장은 틀릴 수 있고 시각은 바뀔 수 있는데, 내세우는 논리가 중요한 것 같아요.

**윤제성** 네. 문제는 팬데믹 이후 대부분의 이코노미스트가 틀리고 있다는 거죠. 에버코어ISI의 에드 하이먼 회장도 그렇고, 코너스톤 매크로(파이퍼 샌들러가 최근 인수함)의 낸시 라자 등 유명한 이코노미스트 대부분이 2023년 경제와 시장을 비관적으로 봤는데요. 미국 경제는 2023년 하반기에도 불황없이 성장하고 있고, 뉴욕 주식 시장은 2022년 10월부터 꾸준히 상승하고 있습니다. 왜 이렇게 틀린 걸까요?

2022년 3월부터 Fed가 기준금리 인상을 시작하면서 주가가 하락했습니다. 그리고 2023년 3월 SVB 파산 등으로 지역은행 위기가 터졌죠. 그로 인해 미국의 경제가 크게 움츠러들었습니다. 그러자 양적긴축을 해온 Fed가 금융위기 확산을 막겠다면서 은행들에 돈을 풀기 시작했어요. BTFP 등을 만들어 긴급 대출을 해줬죠. 2023년 9월 기준으로 이를 통해 풀려나간 돈이 1,000억 달러가 넘습니다. 빌려준 것이긴 하지만요.

미국 연방 정부의 재정정책 쪽도 봐야 하는데요. 2023 회계연도에는 GDP 대비 6%에 달하는 재정적자가 예상됩니다. 이는 과거 글로벌 금융위기 수준의 큰 위기에서만 경제를 살리기 위해 감수했던 규모입니다. 그런데 지금은 실업률이 3%대로 역사적으로 낮은 상황인데도 그렇게 많은 적자를 내면서 돈을 쓰고 있어요. 게다가 연방 정부는 2023년 1월에 부채한도가 상한에 도달했어요. 6월까지 거의 6개월 동안 국채 신규 발행을 못 하니까 Fed 내에 있는 재무부 일반 계좌(Treasury General Account, TGA)에 남아 있던 돈을 꺼내 썼습니다. 정부가 국채를 새로 찍어내면 시장에 있는 돈을 흡수하는 것이니 시장 유동성이 줄어들지만, 그냥 쓰기만 했으니 시장에 유동성을 더 푼 셈이 됐죠.

그렇게 Fed와 연방 정부 모두 돈을 쏟아냈기에 2023년 미국 경제가 다시 살아나고 주가가 올랐다고 봅니다. 그런데 이코노미스트들은 그런 요인을 다 놓친 것 같아요. 이전에 그랬던 것처럼 Fed의 긴축 정책이 고용과 소비에 미칠 부정적 변화에만 집중한 거죠.

## 리서치 기관과 전략가들

**김현석** CIO님은 월가에서 바이사이드(buy side, 자산운용 부문)의 큰손이 시니 유명 인사들을 직접 만날 기회도 많지 않나요?

윤제성 거시경제에 대한 인사이트를 찾기 위해 IB들의 이코노미스트를 직접 만나거나, 그들이 주최하는 콘퍼런스에 가서 유명한 스피커들 얘기를 듣거나 대화하는 일이 잦습니다. 그런 곳에서는 주로 저와 시각이 다른 사람들 의견에 집중하는데요. 왜 나와 다른 생각을 하는지, 그걸 알아내는 게 핵심입니다. 그들의 논리에 설득력이 있으면 제 생각을 바꿀 수 있습니다. 한두 마디에 제 생각이 완전히 바뀌진 않겠지만, 그런 과정을 거쳐 조금씩 조금씩 변하겠죠.

투자자는 기본적으로 호기심과 의심이 많아야 합니다. 그래서 IB에서 나오는 리서치 보고서 외에 독립 리서치 회사에서 나오는 보고서도 일부러 돈을 주고 사서 봅니다. 또 한곳의 것을 오래 보지 않고 돌아가면서 바꿔봅니다. 그래야 새로운 시각과 정보를 접할 수 있으니까요.

김현석 독립 리서치 회사는 어디가 괜찮습니까?

윤제성 과거에는 ISI와 BCA 리서치가 가장 좋았죠. 그런데 에버코어가 ISI를 합병하면서 에드 하이먼 빼놓고는 유명한 전문가들이 대부분 나갔어요. 스트레티가스를 만든 제이슨 트레너트 설립자도 원래 ISI에 있었습니다. ISI는 에버코어에 팔려갔고, BCA도 사람들이 다 바뀌어서 예전 같지는 않습니다.

캐피털 이코노믹스, 옥스퍼드 이코노믹스 등도 있는데요. 이런 곳은 경제를 중장기적으로 보는 보고서가 많고 읽기가 힘들어서 잘 안 봅니다. 지금은 에버코어ISI와 스트레티가스, 파이퍼샌들러(코너스톤 매크로)에서 나오는 자료를 사서 보고 있습니다.

김현석 주식 전략 쪽으로는 어떤 전략가의 의견을 찾아보십니까? 세명을 꼽는다면요.

윤제성 월가에서 전통적으로 유명한 리서치는 골드만삭스, JP모건, 뱅크오브아메리카였습니다. 모건스탠리는 그렇게 유명하지 않았어요. 요즈음 저는 모건스탠리 것을 보는데요. 미국 주식 전략 쪽 마이크 윌슨 전략가의 시각이 괜찮은 것 같아서 그렇습니다. 팬데믹 초기인 2020년 3월에 Fed가 기준금리를 제로로 낮추고 양적완화를 재개하자 윌슨이 '주식을 사라'고 했는데요, 그때부터 그를 지켜봤어요. 윌슨은 2021년 하반기부터 계속 시장을 비관적으로 보아왔는데요. 계속 틀리고는 있죠. 그래도 주장을 뒷받침하는 논리가 탄탄하다고 생각합니다. 가끔 자기가 틀렸다고 인정하기도 하고요.

비슷한 사람 중에 JP모건의 마르코 콜라노비치 글로벌 리서치 헤드가 있어요. 그 사람도 2020년 3월에 바닥에서 매수하라고 주장해서 유명해졌죠. 그도 작년부터 주가가 하락할 것이라고 주장했는데 지금도 여전히 주장을 고수하고 있습니다. 요즘은 거의 보지 않습니다.

스티펠의 배리 배니스터도 좋아하는 전략가입니다. 배니스터는 시각이 강세론이나 약세론으로 항상 고정된 사람이 아니에요. 2023년 초에는 시장이 오를 것으로 봤고, 지금은 박스권을 유지할 것으로 보고 있어요. 그리고 2024년 초에는 상당한 경기 침체 위험이 있다고 주장합니다. 어찌 보면 시장흐름을 먼저 보는 것 같은데요. 그래서인지 고집을 부리지 않고 유연해서 시장 변화를 잘 맞힌다고 봅니다.

스트레티가스의 크리스 베론 전략가의 분석도 찾아봅니다. 베론은 기술적 분석가로 시장흐름을 주로 보는데, 그래서 단기적으로 트레이딩할 때 참고할 때가 있습니다.

**김현석** IB별로 트레이딩 데스크에서 시장흐름 데이터가 나오는데요. 그걸 매일 확인하십니까?

**윤제성** 통상 IB들이 펴내는 리서치 페이퍼는 회사별로 내부 준법 감시(compliance)를 거쳐서 나옵니다. 그래서 타이밍이 좀 늦습니다. 시간이 걸리기 때문에 지금 뜨거운 이슈를 바로 보여주기보다는 주간, 월간, 분기 등을 조망하는 식으로 나오죠.

2023년 8월에 시장 금리가 꽉꽉 뛰었는데요. 그렇게 시장에 상당한 변화가 있을 때는 트레이딩 데스크에 전화해서 시장의 자금흐름에 대해 들어봅니다. 금리가 기술적 저항선을 뚫고 올라갔는데, 그럴 때는 큰돈들이 움직이는 것이니까요. 저는 데이트 레이딩(day trading)을 하는 사람은 아니지만, 시장이 크게 움직일 때는 트레이딩 데스크하고도 적극적으로 얘기합니다.

**김현석** 헤지펀드는 어떻게 움직이고 있나, 뮤추얼 펀드나 CTA(Commodity Trading Advisor) 펀드는 어떻게 주문하고 있나 등에 대해 듣는 거죠?

**윤제성** 시장을 보면 크게 CTA 펀드 등 모멘텀에 따라 투자하는 돈이 있고, 일반 헤지펀드가 있고, 또 우리처럼 장기 투자하는 기관 투자자가 있는가 하면, 개인 투자자도 있습니다. 시장이 단기적으로 크게 움직일 때는 여러 투자자의 자금이 어떻게 흘러가고 있는지를 물어봅니다. 트레이딩 데스크가 모든 걸 아는 건 아니지만요. 금리나 주가가 트레이딩 레인지(trading range, 박스권)에서 움직일 때, 단기 트레이딩을 할 때 그런 정보가 도움이 됩니다.

## 소비와 고용 관련 각종 지표

**김현석** 뉴스나 리서치 페이퍼 등 2차 정보도 중요하지만, 1차적으로는 정부나 경제연구소 같은 데서 발표하는 거시경제 데이터를 보실 텐데요. Fed의 제롬 파월 의장도 계속 "데이터에 의존해서 판단하겠다"라고 말하지 않았습니까? 미국에서는 날마다 매우 많은 경제 데이터가 나옵니다. 어떤 데이터를 주로 눈여겨보고 어떻게 투자에 활용하는지 말씀해주십시오.

**윤제성**  미국 경제는 70%가 소비로 이뤄져 있습니다. 그래서 소비, 그리고 소비를 지탱하는 원천인 고용이 중요합니다. 하지만 최근 인플레이션이 높아지면서 물가 지표의 중요성이 커졌습니다.

우선 물가 지표를 살펴보겠습니다. 대표적으로 PCE(Personal Consumption Expenditures, 개인소비지출) 인플레이션과 CPI(Consumer Price Index, 소비자물가지수)가 있습니다. 둘은 구성 요소와 가중치, 가중치 변경 방법 등에 차이가 있습니다. 미국 노동부가 통계를 내놓는 CPI는 도시에 사는 소비자가 직접 지출한 비용을 기준으로 합니다. 반면 상무부가 집계하는 PCE 물가는 모든 소비자(비영리단체 포함)가 지출한 비용과 그들을 대신해 제3자(보험사 등)가 낸 비용까지 따집니다. 즉 병원에 갔을 때 소비자가 직접 낸 의료비뿐 아니라 건강보험사가 지출한 비용까지 계산에 넣는 거죠.

그러다 보니 CPI는 주거비 비중이 30%가 넘어 압도적으로 큽니다. 반면 PCE 물가는 의료비 비중이 17%로 가장 크고, 주거비는 15% 정도를 차지합니다. 또 PCE 물가를 계산할 때는 항목에 대한 가중치를 매 분기 업데이트하지만, CPI는 2년에 한 번씩 바꿉니다. 전반적으로 PCE가 CPI보다는 좀 더 정확하고 물가 추세를 안정적으로 보여줍니다. CPI는 주거비 비중이 너무 커서 편향이 생길 수가 있죠. 그래서 Fed는 2000년부터 공식적으로 CPI 대신 PCE 물가를 인플레이션 벤치마크로 쓰고 있습니다. 정확하게는 변동성이 큰 에너지와 음식물을 제외한 근원(core) PCE 물가를 기준으로 인플레이션 목표를 2%로 제시했죠. 하지만 2022년 6월에 CPI가 9%를 넘어가니까 Fed의 제롬 파월 의장은 "PCE 인플레이션뿐 아니라 CPI도 본다"라고 밝혔습니다. 이후 투자자들은 PCE보다 CPI를 더 중요하게 지켜보고 있습니다. 집계가 간단한 CPI는 익월 초에 발표되니까요. PCE는 익월 말에야 공개되죠.

팬데믹에 따른 공급망 혼란으로 상품 가격이 치솟았는데, 그런 상품 인플레이션이 안정되면서 2023년 핵심 포인트는 서비스 인플레이션을 어떻게 잡느냐가 됐습니다. 그래서 서비스 물가를 가늠하는 임금 관련 데이터가 매우 중요해졌어요. 노동부에서 매달 월간 고용보고서(Jobs reports)를 발표하는데요. 여기에 나오는 시간당 임금 상승률(Average Hourly Earnings, AHE)이 중요하고요. 또 분기별로 발표되는 고용비용지수(Employment Cost Index, ECI)도 주시해야 합니다.

김현석 고용 지표로는 뭘 가장 중요하게 지켜보나요?

윤제성 노동부의 월별 고용보고서에 나오는 비농업 고용(nonfarm payroll, NFP) 데이터가 가장 기본입니다. 매달 비농업 분야의 고용이 얼마나 변화했는지 나타내는 수치입니다. 요즘 시장은 이 수치 변화에 너무 민감한데, 원래는 매달의 수치 변화보다는 그 추세를 봐야 합니다. 고용 데이터는 추후에 수정되는 경우가 잦거든요. 그래서 3개월 평균을 계산해서 흐름을 보는 게 좋습니다.

그리고 고용보고서에서 투자자들이 예전에는 별 관심이 없었는데, 최근 집중해서 보는 게 앞서 언급한 AHE입니다. 고용보고서에서 또 요즘 자세히 뜯어보는 것 중 하나는 어느 산업과 업종에서 고용이 발생하고, 어디서 해고가 나타나는가 하는 것입니다. 과거에 미국에서는 경기가 둔화하면 제조업이 먼저 꺾이고, 그다음으로 서비스업 경기가 악화했습니다. 그러면 해고가 늘어나면서 소비 지출이 감소했고, 마침내 경기 침체가 발생했습니다.

제조업부터 하나씩 무너지는 것을 '도미노 이펙트(domino effect)'라고 하는데요. 2022년 3월 Fed가 기준금리 인상을 시작했고 2022년 4분기에 제조업이 침체 영역에 들어갔습니다. 그래서 다들 곧 서비스업이 둔화하고 2개 분기 정도가 지나면 소비도 꺾이리라고 생각했어요. 경기 침체가 오리라는 예상이 컨센서스가 됐죠. 그런데 서비스업은 약간 둔화하다가 말았고 소비도 계속 버티고 있습니다. 그러다 보니 침체에 들어갔던 제조업이 바닥을 다지고 회복하려고 하고 있어요. 이러면 순차 침체의 확률이 높아집니다. 그래서 산업별 고용 변화를 열심히 보고 있습니다.

김현석 요즘 고용 지표 가운데 매주 목요일 아침에 공개되는 주간 신규 실업급여 청구 건수(jobless claims)도 월가가 중요하게 여기는

**⬇ 경기 침체 전까지는 계속 증가하는 고용**

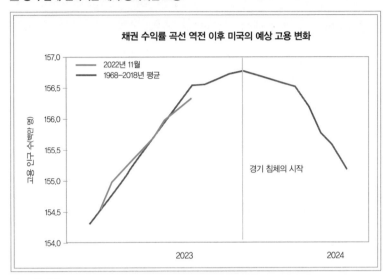

자료: 바클레이스

것 같습니다.

윤제성 고용에서는 비농업 고용 데이터가 가장 중요한데요. 그것은 후
행 지표입니다. 과거에 신규 고용 수치가 뚝뚝 떨어질 때쯤이면
이미 미국 경제는 침체 상황에 빠진 뒤였죠. 그것보다는 좀 더
실시간으로 노동시장 상황을 알 수 있는 게 주간 단위로 나오는
실업급여 청구 건수입니다. 이것도 기본적으로는 후행 지표이
긴 하지만요. 청구 건수가 2023년 들어서도 계속 20만대 초중
반 수준을 유지하고 있는데요. 팬데믹 이전의 10년간 경기가 좋
았던 시절 평균(21만 8,000건)과 비슷합니다. 그런데 이게 30만
건을 넘으면 시장은 시끄러워질 거예요. 만약 40만 건까지 올라

가면 경기 침체 상황이라고 보면 될 것입니다.

**김현석** 도미노 효과에 대해 말씀하셨는데요. 그래서 투자자들은 경기 침체가 오고 있는지 알기 위해 제조업 데이터를 중요하게 살펴보는 것 같습니다. 제조업 데이터 중에선 무엇을 주시하시나요?

**윤제성** 자세히 설명해드리면 이런 겁니다. 과거 미국에서 경기 침체를 발생시킨 가장 큰 원인은 Fed의 긴축 통화정책이었습니다. 예상치 못했던 경제적 충격(닷컴 버블, 금융위기, 팬데믹 등)이 침체의 원인이 된 경우도 몇 번 있었지만요.

Fed의 긴축으로 기준금리가 올라가면 경기 둔화와 기업 부도를 우려한 은행권이 대출을 조이게 됩니다. 은행이 대출 기준을 높이면 금리에 민감한 영역에서부터 부정적 영향이 나타납니다. 주거용 투자, 내구재 소비 등이 대표적이죠. 모기지 금리 상승으로 주택 수요가 감소하고, 할부 이자가 높아지자 비싼 자동차·가구·냉장고 등 내구재 소비가 줄어드는 거죠.

제조업이 그다음입니다. 제조업구매관리자지수(PMI)가 하락하고 PMI 세부 지수 중에서 신규 수주가 감소합니다. 신규 수주는 PMI에서도 선행 지수로 꼽히죠. 세부 지수 중 재고도 함께 봐야 합니다. PMI가 낮아지면 제조업이 가장 큰 비중을 차지하는 산업생산 데이터도 약화하겠죠. 그다음으로 서비스업이 타격을 받기 시작합니다. 서비스업 PMI가 떨어지고 월가의 기업 이익 추정치가 감소하고 기업 마진도 축소됩니다.

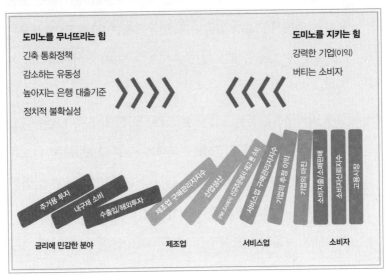

**⬇ 경기 침체로 가는 도미노**

**도미노를 무너뜨리는 힘**
긴축 통화정책
감소하는 유동성
높아지는 은행 대출기준
정치적 불확실성

**도미노를 지키는 힘**
강력한 기업(이익)
버티는 소비자

주거용 투자
내구재 소비
수출입/해외투자
제조업 구매관리지수
산업생산
PMI 신규 판매량/상품 판매
서비스업 구매관리지수
기업의 추정 이익
기업의 마진
소비지출/소매판매
소비자신뢰지수
고용시장

금리에 민감한 분야        제조업        서비스업        소비자

자료: 뉴욕생명 자산운용

그러면 기업들은 이익을 지키기 위해 해고를 늘리죠. 일자리를 잃은 소비자들은 지출을 줄이고, 이는 미시간대 소비자심리지수(Consumer Sentiment Index)와 콘퍼런스보드의 소비자신뢰지수(consumer confidence index)의 하락으로 나타납니다. 소매판매 수치도 떨어집니다.

소비는 진짜 하루아침에 멈출 수 있어요. 그러면 경기 침체가 다가오게 됩니다. 월별 신규 고용이 줄어드는 등 고용 데이터가 꺾이는 것은 통상 경기 침체가 시작된 뒤입니다.

설명을 하다 보니 중요한 소비 데이터에 대해서도 말씀드렸네요.
김현석  PMI를 자주 보게 되는데요. 미국 공급관리협회(ISM)에서 기업

구매 담당자들을 조사해서 내놓는 게 있고, S&P 글로벌에서 발표하는 플래시 PMI가 있습니다. 미국에서는 ISM에서 발표하는 PMI를 더 중요하게 보는 것 같은데요. 두 가지에 어떤 차이점이 있습니까?

윤제성 원래 미국에서는 ISM에서 내놓는 PMI를 많이 봅니다. 전통적으로 써온 데이터니까요. 그런데 요새는 S&P 글로벌에서 나오는 PMI가 더 낫다는 얘기도 많습니다. 좀 더 넓고 다양한 산업과 기업들을 대상으로 조사한다고 합니다.

김현석 소비자의 자신감을 보여주는 데이터에도 콘퍼런스보드가 조사하는 소비자신뢰지수, 미시간대가 내놓은 소비자심리지수가 있는데요. 이들 간에 차이가 있나요? 미시간대 데이터는 조사 대상이 600가구 정도밖에 되지 않는데, 신뢰할 수 있을까요?

윤제성 둘 다 봅니다. 소비자신뢰지수는 주로 근로자 시각에서 고용 시장에 초점을 맞춰서 조사합니다. 그에 비해 미시간대 지수는 자영업자 중심으로 비즈니스 여건에 좀 더 중심을 두죠. 미시간대 조사의 모집단이 적은 것은 옛날에 만든 거라 그럴 겁니다. 그래서 요즘 돈 많은 헤지펀드는 구글 트래픽이나 위성사진 같은 걸 따로 구매해서 주요 도로의 교통량 등 별별 데이터를 본다고 합니다. 그렇게 해서 경제가 나빠질지, 개선될지 등에 먼저 베팅하는 거죠.

# 장·단기 채권 수익률의 역전 현상

김현석 경기 사이클이 후기로 바뀔 때 채권 수익률 곡선의 역전 현상 (yield curve inversion)이 그 징후라고 하셨는데요. 그게 역전이 되어도 경기 침체가 발생하지 않은 경우가 몇 차례 있었습니다. 역전 현상이 믿을 만한 징후라고 믿고 침체가 온다고 봐야 할까 요? 또 어떤 수익률 곡선을 봐야 합니까? 국채 2년물과 10년물, 3개월물과 10년물, 5년물과 30년물의 차이 등 여러 가지가 있 지 않습니까?

**⬇ 채권 수익률 곡선**

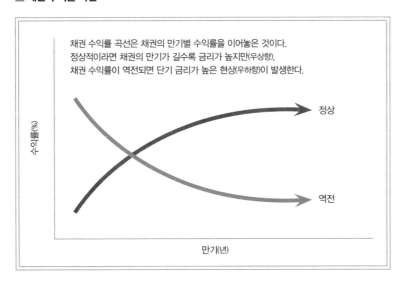

채권 수익률 곡선은 채권의 만기별 수익률을 이어놓은 것이다.
정상적이라면 채권의 만기가 길수록 금리가 높지만(우상향),
채권 수익률이 역전되면 단기 금리가 높은 현상(우하향)이 발생한다.

윤제성　채권 수익률 곡선의 역전은 경기 침체가 다가온다는 것을 알려
주는 좋은 징후라고 생각합니다. 역사적으로 그랬습니다. 보통
때는 단기 금리가 낮고 장기 금리가 높습니다. 더 장기간 돈을
빌려주면 더 높은 이자를 받는 게 맞으니까요. 그래서 은행들은
단기 금리로 돈을 빌려서 장기 금리로 대출해주고 그 이자율 간
의 차이, 순이자 마진을 취합니다. 그런데 이게 역전되어서 단
기 금리가 더 높아지면, 돈을 대출해줄 유인이 없어집니다. 빌
려줄 이유가 없죠. 그러면 경제에 돈의 흐름이 감소하면서 경기
가 나빠지죠.

에버코어ISI의 에드 하이먼 같은 사람은 역전이 발생하면 무조건
경기 침체가 생긴다고 말했습니다. 과거를 보면 2년물과 10년물
곡선을 기준으로 곡선이 역전되어도 경기 침체가 발생하지 않았
던 때가 몇 번 있었습니다. 그러나 3개월물과 10년물 사이의 곡
선이 역전되면 모두 경기 침체가 발생했어요. 그래서 저는 3개
월/10년물 수익률 곡선을 보는데요. 사실 이게 침체를 가리키는
좋은 징후라고 해도 그 타이밍을 잘 알려주는 데이터는 아닙니
다. 과거 3개월물/10년물 곡선이 역전된 뒤 침체가 발생할 때까
지 짧게는 3개월에서 길게는 2년 반까지 걸렸거든요. 평균적으
로 보면 18개월 정도 소요됐는데, 이렇게 오래 걸리다 보니 곡선
이 역전되어도 사람들이 '침체가 온다', '오지 않는다'라며 논쟁
을 벌이는 거죠. 그런데 저는 수익률 곡선을 믿습니다. 확률이 높

아요. 무시할 수 없습니다.

**김현석** 이번 긴축 사이클에서 2022년 3월부터 Fed가 기준금리를 올리기 시작했고, 2022년 10월에 국채 3개월/10년물 수익률 간의 역전 현상이 발생했습니다. 2023년 5~6월에는 역전 폭이 거의 190bp까지 커졌습니다. 3개월물 금리가 훨씬 높아진 거죠. 역전 폭이 이렇게 커진 것은 무슨 의미가 있나요? 더 큰 침체가 온다고 봐야 하는 건가요?

**윤제성** 얼마나 크게 역전됐느냐 하는 것은 의미가 없다고 봅니다. 100bp가 역전됐는지 200bp가 역전됐는지는 상관이 없어요. 시대마다 금리 수준이 다르잖아요. 1980년대에는 기준금리가

**◘ 역전된 수익률 곡선과 경기 침체**

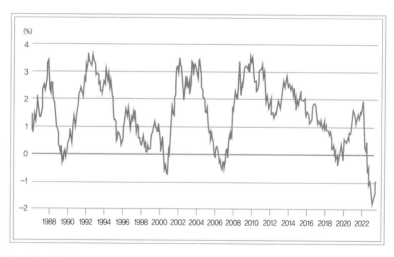

*주: 미국 3개월/10년물 국채 금리의 차이
자료: 세인트루이스 연방은행

15%였으니까 그때는 역전 폭이 300bp가 될 수도 있고, 400bp가 될 수도 있었겠죠. 하지만 기준금리가 1~2%라면 역전된다고 하더라도 그 폭은 얼마 되지 않을 겁니다.

**김현석** 한 리서치 페이퍼를 봤는데, 채권 수익률 곡선이 역전됐다가 다시 정상화될 때가 경기 침체가 시작되는 시점이라고 하더라고요. 경기가 악화해서 침체가 올 것 같으면 Fed가 다시 기준금리를 내리는데, 그렇게 하면 단기 금리가 떨어지면서 수익률 곡선 역전이 해소된다는 거죠.

**윤제성** 글로벌 금융위기가 터지기 직전이던 2007년 말이 기억나네요. 미국 Fed와 유럽 ECB는 그때까지 계속해서 기준금리를 올렸는데, 그해 10월이 되니까 Fed가 갑자기 75bp 내렸어요. ECB는 더 인상했는데도 말이죠. 그리고 2008년 3월 당시 유명한 IB이던 베어스턴스가 가장 먼저 서브프라임 모기지(subprime mortgage) 투자에 따른 손실로 망했습니다. 미 재무부가 나서서 JP모건이 베어스턴스를 인수하게 하면서 위기를 일단 틀어막았습니다. 뉴욕 증시는 베어스턴스가 JP모건에 인수된 직후부터 '미국 경제가 연착륙할 것'이라며 랠리를 벌였고, 그해 여름까지 S&P500 지수는 15% 상승했습니다. 이른바 '베어스턴스 반등(The Bear Sterns Bounce)'입니다. 그런데 그해 9월 훨씬 더 큰 IB인 리먼브러더스가 파산하면서 미국 경제는 급속히 침체에 빠졌죠.

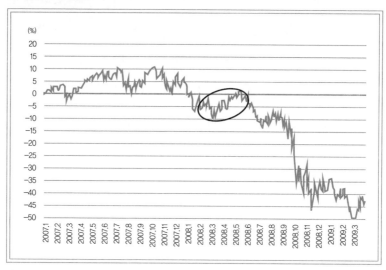

자료: RIA

그때를 돌아보면 채권 수익률 곡선이 역전된 게 2006년 12월이었어요. 그런데 2008년 9월에 경기 침체가 발생했으니까 곡선 역전부터 침체까지 1년 9개월이 걸렸습니다. 그사이 Fed는 금리를 내렸고, 금리 인하 직전인 2007년 8월에 수익률 곡선이 다시 정상화됐어요. 그러니까 수익률 곡선의 역전이 해소되고 나서 1년 뒤에 침체가 생긴 거죠. 당시와 마찬가지로, 주식 시장은 항상 진짜 불황 직전까지 올랐어요. 과열된 경기가 둔화하는 과정에서 어느 정도 식었을 때 꼭 '연착륙', '골디락스' 이런 말들이 나옵니다. 그러다가 경기가 더 둔화하고 침체에 빠지면 주가가 깨집니다.

그래서 저는 2022년 9월에 S&P500 지수가 4200 부근일 때 현금을 꽤 확보했습니다. 2022년 10월에 S&P500 지수가 잠시 3500 밑까지 떨어졌다가 회복하기 시작했는데요. 지수가 그 이후 큰 폭으로 반등했지만, 저도 현금을 MMF에 넣거나 사모 대출 등으로 운용해서 수익률로는 크게 손해 보지 않았습니다. 2023년 랠리는 이른바 '매그니피선트 7(magnificent seven)'이라고 불리는 애플, 마이크로소프트, 알파벳, 아마존, 메타, 엔비디아, 테슬라 등 7개 기술주가 주도했는데요. 그 주식들을 보유하고 있지 않았다면 저처럼 현금을 쥐고 있었던 것보다 수익률이 나쁠 수도 있어요.

**김현석** 글로벌 금융위기 때를 돌아봐도 사이클 후기 끝까지, 즉 침체가 나타나기 직전까지 주식은 계속 오른다는 것이네요. 그렇다면 윤 CIO님은 이번 사이클에 여전히 경기 침체가 오리라고 보고 있는 거죠?

**윤제성** 그렇습니다. 이번 사이클에서 경기 침체가 늦춰지는 것은 지속하는 소비와 조 바이든 행정부의 막대한 재정 지출, 현금을 쌓아놓은 기업들 등 다른 사이클에 비해 특이한 요인 때문이라고 봅니다. 미국인의 소비가 계속된 원인 중의 하나는 팬데믹 때 쌓였던 잉여저축입니다. 그런데 2023년 5월 샌프란시스코 연방은행은 팬데믹 때인 2021년 8월 2조 1,000억 달러까지 불어났던 미국 가계의 잉여저축이 2023년 3분기에 고갈될 것이란 연구 보고서를 내놓았습니다. 은행들도 대출 기준을 높이고 있죠. 2023년 10월부터는 팬데믹 초기부터 유예됐던 학자금 대출 상환이 시작되고요. 그래서 4분기에는 소비 둔화가 분명히 나타날 것으로 봅니다.

그래서 지금은 소비 관련 데이터를 열심히 보고 있습니다. JP모건, 뱅크오브아메리카 등에서 나오는 은행 고객들의 신용카드 사용액 추이, 연체율 추이 등을 포함해서요.

## 경기 사이클의 전환을 알려주는 징후

**김현석** 그래도 바이든 행정부의 재정 지출은 이어지고 있습니다. 인플레이션 감축법(IRA)에 따른 수백, 수천억 달러의 보조금이 2023년 4분기부터 집행될 것이고, 2024년 11월 대통령 선거를 앞두고 더 많은 돈이 풀릴 것으로 알려져 있습니다. 바이든 대통령은 대선을 앞두고 어떻게든 돈을 더 쓰려고 하겠죠. 최근 미국 경제를 보면 비주거용 건설 지출, 기업 설비투자 등이 굉장히 좋은데요. IRA와 반도체법(Chips Act)에 따라 삼성, SK, LG 등 한국 기업들을 포함한 많은 기업이 대규모 전기차·배터리·반도체 공장을 미국 곳곳에 건설하고 있기 때문인 것으로 분석됩니다. 이런 공장이 완공되면 생산 인력도 대규모로 고용해야 하고요. 이게 미국 경제를 꾸준히 떠받칠 수도 있을 것 같아요.

윤제성 재정 지출이 너무 많다는 사실이 시장에서도 점점 문제가 되고 있습니다. 금리가 오르고 있고, 요즘에는 '채권 자경단(bond vigilantes)'이라는 얘기까지 나옵니다. 1970년대에 돌았던 얘기인데요. 채권 시장 투자자들이 쏟아져 나오는 국채 인수를 거부해서 금리를 더 높임으로써 돈을 헤프게 쓰는 정부에 경고한다는 개념입니다.

의회예산국(CBO)은 2023 회계연도에 연방 정부가 GDP의 5.8%에 달하는 적자를 낼 것으로 예상하고 있습니다. 이는 과거 전쟁이나 금융위기 등 심각한 경제적 위기 상황에서만 나타났던 수준입니다. 1962년부터 따져봤을 때 이보다 높은 비율의 재정적자를 낸 적은 딱 일곱 번밖에 없습니다. 글로벌 금융위기 때인 2009~2012년, 팬데믹 때인 2020~2021년이 대표적인 예입니다. 그런데 지금은 실업률이 3% 중반에 머무는 상황인데 돈을 계속 그렇게 쓰고 있는 겁니다. CBO는 이를 줄이지 않으면 향후 수십 년 동안 이자율과 인플레이션이 높아지고 민간 투자와 성장이 감소할 것이라고 경고했습니다. 피치가 2023년 8월에 미국의 국가 신용등급을 한 단계 강등한 이유가 바로 그것입니다.

저도 정말 걱정이 돼요. 어느 순간 금리가 확 오를 수도 있어요.

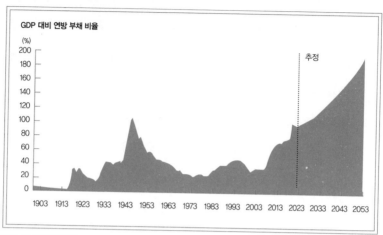

**🔽 미국 연방 정부의 급증하는 부채**

GDP 대비 연방 부채 비율

자료: CBO(의회예산국)

장기 국채 금리가 연 6%까지 가지 못할 이유가 없습니다. 경제 데이터와 관계없이 말이죠. 저는 이번에 경기 침체가 온다고 해도 Fed가 예전처럼 기준금리를 제로로 낮추긴 어렵다고 봅니다. 인플레이션 때문이에요. 낮추더라도 3% 수준까지는 내릴 수 있을 거예요. 그러면 국채 금리도 많이 떨어지지는 않을 겁니다.

김현석 기업들도 잘 버티고 있어요. 부도율이 약간 올라가고는 있지만, 과거 경기가 나빴을 때와 비교하면 낮은 편이고요. 2023년 어닝시즌을 보면 S&P500 기업들의 이익도 지속해서 예상보다 낮게 나오고 있습니다. 월가 애널리스트들은 2023년 2분기를 바닥으로 기업 이익이 바닥을 치고 개선되기 시작할 것으로 전망하고요.

**윤제성** 미국 기업들은 지금 현금이 넘칩니다. 통계를 보면 기업의 보유현금 수준이 1945년 이후 최고라고 합니다. 구글 같은 곳은 2021년에 시장 금리가 매우 낮았을 때 10억 달러를 아주 낮은 금리에 빌렸어요. 돈을 빌릴 필요가 없는 기업인데도 말이죠. 그 돈을 은행에만 넣어놓았어도 지금 상당한 이자 소득을 얻고 있겠죠. 그래서 기업들이 직원들을 해고하지 않고 인력 비축(labor hoarding)을 하고 있는 것일 수도 있습니다. 경기 둔화로 근무 시간은 좀 줄이고는 있지만요. 그러면 직원들은 돈을 좀 적게 벌겠지만 소비를 못 하지는 않을 겁니다. 저는 2023년 4분기에는 경제 데이터가 나빠질 것으로 보지만, 만약 그렇지 않다면 연말에는 주식이 랠리를 이어갈 수도 있다고 봅니다.

**김현석** 경기가 둔화해서 경기 사이클 후반, 즉 침체를 향할 때 봐야 하는 데이터들에 대해서 말씀해주셨습니다. 그런데 경기가 침체에 들어갔다가 나올 때를 포착하는 것도 투자 타이밍을 잡는 데 매우 중요할 것 같습니다. 경기 사이클이 회복되는 때, 즉 새로 사이클이 시작되는 때를 포착하려면 어떤 데이터를 보면 될까요?

**윤제성** 경기 사이클이 후기에서 초기로 전환되는 신호를 찾아내려면 데이터가 아니라 시장을 보는 게 가장 정확하다고 생각합니다. 통상 경기가 살아나기 전에 주식 시장과 하이일드 채권 시장에서 먼저 바닥이 만들어지기 때문입니다. 그걸 열심히 지켜봐야 합니다.

저는 하이일드 채권 시장에서 먼저 스프레드(국채와의 금리 차이)가 줄어드는 게 중요한 신호라고 생각합니다. 경기 침체 때는 하이일드 채권을 발행한 정크등급(투기등급, BB 이하) 기업들의 부도가 늘어나기 때문에 국채와 하이일드 채권 간의 스프레드가 굉장히 커지는데요. 경기가 회복될 조짐이 보이면 그렇게 벌어졌던 스프레드가 좁혀지기 시작합니다. 비슷한 시기에 주식 시장도 바닥을 칩니다. 그러고 나서는 주가가 빠르게 오르기 때문에 그때가 위험자산을 매수할 타이밍인데요. 사실 그런 시점을 정확히 딱 알아채기는 쉽지 않습니다. 경기가 계속 나쁜데도

**◘ 하이일드 채권 스프레드**

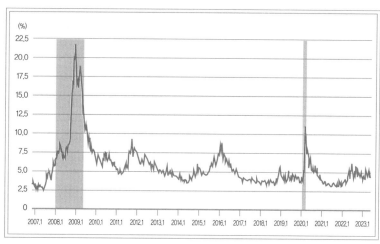

자료: 세인트루이스 연방은행

시장이 먼저 경기 회복을 예상해서 좀 더 일찍 움직일 때가 많습니다. 지난 2008년 글로벌 금융위기에서 회복하던 때도 그런 일이 있었습니다.

2008년 9월 리먼브러더스가 파산하면서 주가는 폭락하고 하이일드 스프레드가 크게 벌어졌어요. 그런데 하이일드 채권 시장에서는 2008년 12월부터 스프레드가 좁혀지기 시작했습니다. 하지만 그게 바닥이 아니었고, 스프레드는 다시 벌어졌죠. 결국 2009년 3월에 주식 시장이 바닥을 치고 나서 진짜 바닥이 만들어졌습니다.

김현석 2022년부터 채권 수익률 곡선의 역전 현상이 나타났습니다. 미국채 2년물 수익률이 10년물보다 100bp 넘게 높아졌죠. 그런데 2023년 하반기 들어 이런 역전 폭이 줄었습니다. 통상 곡선의 역전을 경기 침체의 신호로 여기는데요. 그렇다면 이런 곡선의 정상화(단기 금리가 장기 금리보다 낮아지는 현상)가 발생한다면, 그걸 경기 회복을 가리키는 신호로 볼 수 있나요?

윤제성 그것도 경기 사이클 초기가 가까워졌을 때 나타나는 징후의 하나입니다. 금융상황지수(Financial Condition Index, FCI)가 바닥을 찾는 것, 제조업 PMI가 통상 40 중반까지 떨어지는 것(PMI는 50을 기준으로 그 위에 있으면 확장 국면, 그 아래에 있으면 위축 국면에 있음을 가리킴), PMI 세부 지수 가운데 신규 수주가 바닥을 찍고 살아나는 것 등도 마찬가지입니다. 신규 수주의 경우 통상 3개월

이동평균이 저점을 만드는 걸 경기 사이클이 회복되는 징후로 해석합니다.

사실 그 밖에도 여러 가지가 있습니다. 그런데 매일 트레이딩하는 사람이 아니면 사이클이 초기로 바뀔 때를 찾는 건 조금 늦어도 괜찮습니다. 경기가 회복되기 시작하면 그 경기 사이클이 통상 5~7년씩 가니까요. 조금 늦게 사도 돈을 벌 수 있습니다.

**김현석** ISM의 제조업 PMI를 보면 40 중반까지 떨어진 뒤 2023년 하반기에 조금씩 올라오고 있습니다. 그것만 본다면 주식을 사야 하는 것 아닙니까?

**윤제성** 맞아요. 제조업은 2022년 4분기에 침체에 빠졌다가 지금은 바닥을 만들고 조금씩 회복되는 것 같습니다. 그래서 정말 경기 침체가 오느냐, 아니면 순차 침체가 온 것이냐 하는 논쟁이 있는 거죠. 제조업은 한참 둔화해서 이제는 회복할 때가 됐습니다. 그사이 생산이 감소하면서 재고가 많이 비었기 때문에 이제는 다시 생산해서 재고를 쌓아놓아야 할 때죠. 그런데 과거에는 서비스업이 이때쯤 벌써 꺾였지만, 지금은 꺾이지 않고 계속 버티고 있습니다. 좀 모호한 상황이죠.

**김현석** 그렇군요. 다시 경기 사이클 얘기로 돌아가서 초기 사이클에서 주식 등 자산 가격이 크게 오르는데요. 그다음 단계인 중간 사이클에서는 어떤 일이 발생합니까?

**윤제성** 중간 사이클은 경제가 본격적으로 회복되고, 주식 시장에서는 시장의 폭이 넓어지는 시기입니다. FCI도 계속 좋아지고 PMI도 올라가겠죠. 그런데 미드 사이클은 중요하지 않다는 게 포인트예요. 미드 사이클이라는 걸 딱히 찾아내 확인할 이유가 없다는 얘기입니다. 중요한 건 사이클이 후기로 가는 시점을 잘 알아채는 거죠. 그때는 경기가 달아오르고 인플레이션이 높아지기 때문에 Fed가 인플레이션을 잡기 위해 기준금리를 올립니다. 그러면 채권 수익률 곡선은 역전되고, FCI는 점점 나빠집니다. 그러면 금리에 민감한 제조업 등이 다시 악화하기 시작하죠.

이 사이클 후기에서 중요한 건 무엇보다 주가가 침체가 오기 직전까지 랠리를 이어간다는 것입니다. 그래서 P/E가 역사적으로 높아집니다. 왜냐하면, 주식 투자자들이 경기가 침체에 빠지지 않고 계속해서 좋게 유지되거나 연착륙을 거쳐 되살아날 것이라고 믿기 때문입니다. 경제 데이터가 연착륙을 가리키는 것과 경착륙을 가리키는 게 섞여서 나오는 시기인데요. 통상 주식 투자자들은 희망적으로 보고 투자합니다. 특히 2023년처럼 소비가 지속해서 버텨주거나 연방 정부가 계속 재정 지출을 확대한다면, 침체로 향하는 마지막 도미노가 잘 넘어지지 않을 수도 있습니다.

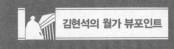

# 저물가, 저금리 시대는 끝났나?

미국에서는 2020년 팬데믹이 터지기 전 기간을 '대안정기(Great Moderation)'라고 부른다. 공식적인 시작점은 없지만 1990년대 초반부터 팬데믹 이전까지의 시기를 가리킨다. 세계화, 그리고 2001년 중국의 WTO 가입으로 디스인플레이션(disinflation, 인플레이션이 적정한 수준으로 둔화하는 것)이 지속하면서 세계적으로 낮은 금리가 유지된 기간이다. 글로벌 금융위기 때를 제외하면 경제적 변동성도 크지 않았다. 거의 30년 동안 단 두 차례의 경기 침체만이 발생했다. 역사적으로 평균 6~7년에 한 번씩 경기 침체가 되풀이됐던 것에 비하면 호황이 길게 지속했다. 그러다 보니 주가는 꾸준히 올랐고, 채권 수익률도 하락하면서 자산 시장은 지속해서 성장했다. 1960~1970년대 인플레이션과 금리, 경제적이고 지정학적인 변동성이 모두 높던 시기와는 달랐다. 1980년대 초반 공격적 금리 인상으로 인플레이션을 잡은 Fed의 폴 볼커 전 의장이 대안정기의 토대를 다진 것으로 평가된다.

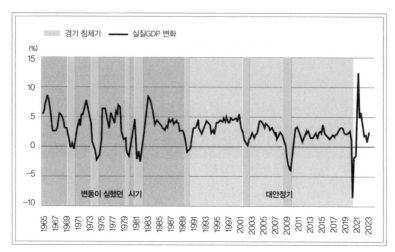

**⬇ 대안정기**

경기 침체기 ■ 실질GDP 변화

(%)
15
10
5
0
-5
-10

변동이 심했던 시기                         대안정기

1965 1967 1969 1971 1973 1975 1977 1979 1981 1983 1985 1987 1989 1991 1993 1995 1997 2001 2003 2005 2007 2009 2011 2013 2015 2017 2019 2021 2023

자료: 찰스 슈왑

　최근 월가에서는 대안정기가 끝나고 구조적인 고물가, 고금리 시대가 다시 도래했다는 관측이 많다. 미·중 갈등으로 세계화는 탈세계화로 되돌려지고 있으며 제조업은 리쇼어링되고 있다. 이는 생산 비용 증가를 불러 상품 가격을 높일 수 있는 요인이다. 높아진 지정학적 갈등(러시아의 우크라이나 침공 등)으로 인한 에너지 공급망 혼란도 인플레이션을 자극하고 있다. 미국뿐 아니라 선진국 모두가 겪고 있는 인구 구조 변화(저출산, 노령화)로 생산 인구가 줄면서 임금 상승 압력도 강해지고 있다.

　거시경제연구소인 TS롬바드는 "각국 정부는 (완전 고용 상태에서도) 막대한 재정적자를 내고, 공무원들은 필사적으로 '물가 통제'에 손을 대고 있다. 또 세계화는 후퇴하고, 미국의 반도체법과 IRA 등으로 대표되는 산업 정책이 갑작스럽게 인기를 끌고 있다. 20년 전에는 이런 국가 개입은 상상할 수 없었지만, 오늘날 새로운 표준이 되고 있다"라면서 "이는 자유방임과 자유무역, 최소한의 국가 개입을 근간으로 해온 신자유주의의 후퇴"라고 분석했다. 과거에 국가 개입은 경제적 효율성 저하와 재정적자 증가로 이어졌다. 역시 물가와 금리를 높이는 요인이다.

당장 재정적자는 더 많은 국채 발행으로 이어지고 있다. 2023년 9월 미국 채권 시장에서 국채 10년물 수익률은 한때 연 4.5%를 넘었다. 미 재무부가 2·3분기에 국채를 1조 달러어치 발행한 여파다. 애초 제시했던 7,330억 달러보다 훨씬 많았다. 4분기 발행 규모도 8,520억 달러에 달한다. 이는 미 연방 정부가 대규모 재정적자를 지속하고 있어서다. 2023년 GDP 증가율이 2%에 달할 것으로 예상되는 등 경기가 괜찮은데도 연방 정부 적자가 GDP의 6%에 달할 것으로 추정된다. 연방 정부의 부채가 33조 달러를 넘어선 상황에서 국채 금리가 치솟자, 이자 지급액도 눈덩이처럼 불어나고 있다. 더블라인 캐피털의 제프리 건들락 CEO는 "국채 금리가 5.5% 수준에 오랫동안 머문다면 연방 정부의 국채 이자 지급액은 추가로 1조 달러가 더 늘어날 것"이라고 지적했다. 신용평가사 피치는 이런 재정적자 악화, 부채 부담 증가, 부채한도 이슈 등을 이유로 2023년 8월 미국의 국가 신용등급을 AAA에서 AA+로 강등했다.

단기적으로는 2023년 미국 경제가 예상보다 강세를 유지하고 있고, 인플레이션이 Fed의 목표인 2%까지 둔화하는 데 긴 시간이 걸릴 것이란 예상도 국채 수익률 상승 원인 중 하나다. 과거 미국에서는 인플레이션이 치솟으면 정점에 한 번 이상 도달하는 게 일반적이었다. 씨티그룹은 상품에 대한 활발한 수요, 공급망 회복이 종료된 점, 원자재 가격 상승 등을 이유로 "2024년 인플레이션 예측에 대한 상향 위험이 다시 증가하고 있다"라고 주장했다.

금리가 상승하자 대안정기가 끝났다는 주장이 더욱 힘을 얻고 있다. 헤지펀드 투자자인 빌 에커먼은 "탈세계화, 친환경 에너지 전환, 복지 비용 증가 등 더 높은 장기 인플레이션으로 이어질 수 있는 구조적 변화에 비추어 보면 장기 금리가 얼마나 낮은지 놀란다"라며 "세상은 예전과 구조적으로 달라졌다"라고 밝혔다. JP모건의 제이미 다이먼 회장은 "미국의 재정적자는 전례 없는 수준이다. 향후 1년 안에 미 국채 10년물 수익률 5.5%를 보더라도 놀라지 않을 것이고, 유가도 120~150달러까지 올라갈 수 있다"라고 말했다. 그는 "이는 가설에 기반한 게 아니고 1945년 이후 겪어보지 못했던 구조적 차이에 따른 것이다. 제2차 세계대전 이후 지금과 같은 경제 환경을 본 적이 없다"라고 강조했다. 래리 서머스 전 재무장관도 "인플레이션 추세가 과거보다 더 거셀 것(아마 2.5%)이고, 미 연방 정부의 증가하는 차입 등을 고려할 때 투자자들은 향후 10년간 미 국채 10년물에 대해 4.75% 수익률을 예상할 것이며 그건 분명히 더 높아질 수 있다"라면서 "오늘날 많은 요인은 명백하게 경제가 (저금리 시대와) 다른 시대에 있음을 암시한다"라고 주장했다.

월가에서는 저금리·저물가 시대가 고금리·고물가 시대로 바뀐다면 투자 목표와 방법을 달리해야 한다고 조언하고 있다. 찰스 슈왑은 "지금 투자자들은 수십 년간 지속돼온 대안정기 때의 투자 패러다임에 빠져 있는데, 좀 더 변동성이 큰 시대로 전환되고 있다고 가정하면 투자 환경이 바뀔 가능성이 크다"라면서 "반드시 더 나쁘거나 기회가 없는 것이 아니라 달라지는 것"이라고 설명했다. 그러면서 "인플레이션, 경제 성장, 지정학적 측면에서 더 큰 변동성을 겪을 가능성이 있다. 따라서 주식 간의 수익률 분산이 더욱 커질 것으로 본다. 또 더 높은 경제 및 물가 변동성, 급증한 정부 부채와 그에 따른 비용으로 정부(재정)와 중앙은행(통화)은 정책 측면에서 대안정기보다 움직일 여지가 좁아질 것"이라고 분석했다.

# WALL STREET

## INVESTMENT

# 7장

# 월가의 성공한 한국인,
# 윤제성이 답하다

윤제성 CIO는 30대 초반의 이른 나이에 임원 자리에 올랐으며, 현재 월가에서 성공한 한국인으로서 바쁜 시간을 쪼개 조금이나마 한국 투자자들에게 도움을 주려 노력하고 있는 것으로 유명합니다.

이런 윤 CIO에게 한국의 독자들이 그동안 궁금해 했던 내용들을 추려 질문해 보았습니다.

> 윤 CIO님의 어린 시절은 어떤 모습이었나요? 그리고 윤 CIO님께 가장 큰 영향을 준 인물은 누구인가요?

제가 성장하는 데는 제가 자라온 환경의 영향이 컸고, 그런 점에서 저의 가족사를 이야기하지 않을 수 없습니다. 저의 가족사는 제가 가장 존경하는 아버지로부터 시작합니다.

아버지는 일제 강점기에 지금의 북한에서 태어났습니다. 당시 제 할아버지는 지주였습니다. 아버지가 열여덟 살 무렵이던 어느 날, 세상이 뒤집히는 일이 일어났죠. 공산주의자들이 쳐들어와 지주들을 처형했고, 부친을 여읜 아버지는 남한으로 이주해야 했습니다. 얼마 후 한국전쟁이 발발하자 아버지는 어린 나이에 군에 징집됐습니다. 전쟁 중 미군 의료 시설에서 근무하면서 2개의 무공훈장을 받았고 유창한 영어를 구사하게 됐습니다. 육 남매 중 장남으로 태어난 아버지는 어려서부터 가장이 되어 가족을 돌봐야 했고, 대학에 가는 것은 꿈도 꿀 수 없었습니다. 평범한 어린 시절을 보내지 못하셨죠. 아마도 그 시대의 많은 한국인 아버지들 역시 저희 아버지와 비슷한 삶을 살았을 것이라고 생각합니다.

오늘날 한국이 GDP 기준 세계 10대 국가로 성장한 것을 볼 때 저는 놀라움을 금치 못합니다. 한국전쟁 이후 가장 가난한 나라 중 하나였던 대한민국이 세계에서 가장 성공한 나라 중 하나가 되기까지 얼마나 험난한 여정을 거쳤는지 모든 한국인이 알아야 한다고 생각합니다. 이런 성과를 거둘 수 있었던 것은 한국이 많은 역경에도 불구하고 결코 포기하지 않고, 열심히 일하고 성공하고자 하는 강한 열망을 가진 사람들의 나라였기 때문입니다. 이런 열망은 한국인의 유전자에 새겨져 있고, 지금도 가족을 위해 더 나은 세상을 만들겠다는 의지 속에 면면히 흐르고 있습니다.

제가 초등학교에 입학할 무렵, 아버지는 승승장구해서 한 대형 건설사의 중역이 됐고 저는 편안한 유년 시절을 보낼 수 있었습니다. 아버지가 유럽에 파견되는 바람에 우리 가족은 한동안 아버지와 떨어져 지내야 했습니다. 제가 여의도에서 초등학교 3학년을 마친 후, 드디어 우리 가족은 유럽으로 가서 아버지와 함께 생활할 수 있게 됐습니다.

저는 네덜란드 헤이그에서 초등학교를, 독일에서 중학교를 졸업하고 미국으로 건너와 기숙학교를 거쳐 코넬대학교에 진학했습니다. 아버지는 늘 공부와 교육의 중요성을 강조하셨고, 앞으로 엔지니어의 세상이 펼쳐질 것을 전망하면서 저에게 엔지니어가 되라고 강권하셨습니다. 저는 공학을 전공했습니다.

요컨대, 저의 태도와 인격을 형성한 것은 가족을 위해 열심히 일하고 어떤 일이든 포기하지 않는 아버지의 모습이었습니다. 아버지는 회사를 위해 네트워크를 구축하고 궁극적으로 가족을 위해 더 나은 성과를 내기 위해 끊임없이 노력하셨습니다. 학교 교육을 제대로 받지 못하셨지만, 자신을 어떻게 관리해야 하는지를 아는 지혜와 성실성을 체득하셨고, 그때 아버지를 보며 배운 지혜와 성실성은 오늘날의 저를 만든 가장 중요한 요소가 됐습니다. 아버지는 저의 본보기였습니다. 그렇다고 멘토링이나 도움을 구한 것은 아니었습니다. 아버지를 지켜보면서 배운 거죠. 그것이 오늘날의 저를 만들었다고 생각합니다.

**공대 출신으로서 월스트리트에서 일하시게 된 계기가 궁금합니다.**

많은 고민을 거쳐 내린 결정은 아니었습니다. 대학에 다닐 때 아버지의 회사가 기울어지기 시작했습니다. 당시 저는 F-1 비자를 가진 유학생 신분이었습니다. 한국말이 서툴렀던 저는(지금도 유창하지 못하지만) 한국으로 돌아가 군 복무를 마친 후 아버지 회사에서 일해야겠다고 생각했습니다. 그런데 회사가 결국 문을 닫으면서 갈 곳이 없어졌고, 저의 계획은 수포가 되고 말았습니다. 스스로 인생을 개척해야 했습니다.

저는 한국으로 돌아갈 수 없다는 것을 깨달았습니다. 당시 한국어를 잘하지 못했어요. 한국인으로 자랐지만 너무 어리고 (모든 면에서) 미숙한 상태에서 한국을 떠났기 때문입니다. 그래서 경력을 쌓기 위해 미국에 있어야 한다고 판단했습니다. 우선은 유학생 신분으로 일할 수 있는 회사를 찾았습니다. 제 학력으로 선택할 수 있는 곳은 두 가지가 있었는데 하나는 미국 서부 해안에서 성장하던 기술 회사였고, 다른 하나는 수리 통계 관련 학과 졸업생을 구하는 뉴욕의 월스트리트 회사였습니다. 취업 스폰서십을 구하던 중 취업 비자를 줄 수 있을 듯한 사람을 찾을 수 있었습니다. 당시는 미국 경제가 막 불황에서 벗어났을 때라 취업 비자를 받는 게 쉽지는 않았어요. 저는 대학 취업 지원 사무실을 통해 코넬대 동문 한 명을 알아냈고, 그를 찾아갔죠. 끈질긴 설득 끝에 수리 통계 전공자라는 지원자 요건에 예외를 인정받았습니다. 그렇게 월스트리트에서 제 경력이 시작됐습니다.

그때까지는 제 인생에서 누군가에게 간청해본 적이 한 번도 없었어요. 그때 저는 열심히 공부하고 좋은 성적을 받는 것만으로는 부족하다는 것을 깨달았습니다. 경쟁 상대 모두가 뛰어난 실력자들이었기 때문이죠. 비로소 절박한 심정으로 무언가를 간청하는 법을 배웠습니다. 간청한다는 것은 제게 새로운 개념이었습니다. 이 개념을 저는 항상 잊지 않으려고 합니다. 즉, 사람이 너무 자만해서는 안 되며 원하는 것이 있다면 주어진 상황을 최대한 활용하고 그것을 성취할 기회를 찾아야 한다는 것입니다.

저는 대학 선배에게 왜 저에게 기회를 줘야 하는지 설득해야 했습니다. 저의 갈망, 절박함, 필사적인 자세뿐만 아니라 기회가 주어진다면 회사를 위해 새로운 것을 배우고 성취할 잠재력까지 갖췄음을 호소했고, 그런 진심이 전달됐으리라고 생각합니다. 쉽게 포기하지 않았고, 그를 계속 찾아가 기회를 줄 것을 부탁했습니다. 찾아갈 때마다 저에게 기회를 주어야 하는 이유를 하나씩 더했습니다.

그렇게 흥미로운 답변이 아닐지도 모릅니다만, 이것이 제가 월스트리트에서 첫걸음을 뗀 사연입니다. 인생의 길이 항상 우리 통제 아래 있는 것은 아닙니다. 그러므로 주어진 것을 최대한 활용하고, 원하는 것을 열렬히 추구하며, 절대로 포기하지 않고 도전하기를 멈추지 말아야 합니다. 제 인생을 바꾼 그 선배를 메릴 트레이딩 플로어에서 만나기까지 백 번이 넘게 자기소개서를 쓰고, 무수히 많은 면접을 봤습니다. 그 일이 있기 전 작은 회사에서 두 번의 입사 제안을 받았지만, 받아들이지 않았습니다. 저에게는 더 높은 목표가 있었고, 제안받은 일은 제가 열심히 노력하면서 기대했던 바에 미치지 못했기 때문입니다.

제 경력에서 가장 큰 진전은 일본에서 이루어졌습니다. 1997년 아시
아 외환위기(IMF 사태)가 발생했을 때 JP모건 일본법인에 있었습니다.
그때 저는 제게 위기나 새로운 벤처 사업을 관리하는 데 소질이 있다는
것을 알게 됐습니다. 문제를 체계적으로나 조직적으로 해결하는 능력
이 탁월하진 않습니다만, 어려운 상황을 잘 관리하는 데는 능합니다.

일본으로 파견된 지 얼마 되지 않아 아시아 외환위기가 닥쳤습니
다. 당시 회사가 파악하지 못하고 있던 일이 많았는데, 대부분 회사에
문제를 일으킬 수 있는 것들이었습니다. 저는 신속하게 상황을 파악
한 후 저에게 주어진 자원을 활용해 문제를 해결했습니다. 그 과정을
JP모건의 아시아 비즈니스 총괄 책임자가 눈여겨봤고, 아시아 태평양
전역을 담당하는 지역 책임자를 맡아달라고 제안했습니다. 제가 일본
에서 파악한 다양한 위험을 아시아 전역 차원에서 검토해달라고 요청
한 것입니다.

2007~2009년 글로벌 금융위기 때 저는 뉴욕생명에 근무하고 있었
는데 비슷한 기회가 찾아왔습니다. 회사가 위기를 극복하는 데 이바
지했고, 결국 뉴욕생명 자산운용의 CIO로 승진할 수 있는 기반이 됐
습니다.

저는 항상 새로운 프로젝트와 아이디어로 회사를 위해 가치를 창출

할 방법을 찾고 있습니다. 뭔가 개선할 수 있는 새로운 도전과 아이디어를 찾습니다. 이런 사고방식과 함께 위험(개인적 경력 및 회사 문제)을 감수하고 어려움을 헤쳐나가는 능력이 저에게 성공을 가져다주었습니다.

사람에게는 선택할 수 있는 일들이 있습니다. 회사에서 경력을 발전시키고 더 높은 곳으로 오르고 싶다면, 기회를 파악하고 그 기회를 얻기 위해 개인적 위험을 감수하는 것이 중요합니다. 회사에 위기와 문제가 발생했을 때 단순히 자기 자리를 지키기 위해 열심히 일하는 것만으로는 충분하지 않습니다. 목표를 달성하기 위해 끊임없이 기회를 찾고 위험을 감수해야 합니다. 제가 직면한 중대한 문제들은 저에게서 비롯된 것이 아니었습니다. 하지만 그 문제를 회사에 도움을 줄 기회로 받아들였고, 개인적 경력 위험을 감수하면서 적극적으로 뛰어들었습니다. 그렇게 하기가 쉽지만은 않았지만, 회사를 위해 해야 할 일임을 알았고 제가 잘할 수 있는 일이라고 생각했습니다. 큰 위기는 저에게 큰 기회가 됐습니다.

**월스트리트에서 살아남을 수 있었던 경쟁력은 무엇이라고 생각하시는지요?**

저는 이 분야에서 제가 입은 옷에 걸맞게 변화하기 위해 끊임없이 방법을 찾고 있습니다. 주니어 직급의 직원은 자신이 하는 일에 탁월해야 합니다. 경력 초기에 저는 퀀트 애널리스트로서 최고가 되기 위해 노력했습니다. 이를 위해 기술적 역량을 정교하게 가다듬었습니다. 월스트리트는 최고의 인재들이 모여 일자리를 놓고 경쟁하는 곳이니까요.

직급이 높아질수록 성공에 필요한 기술도 달라집니다. 기술적 역량은 덜 중요해지고 창의력, 인간관계 관리, 창의적 사고 역량과 같은 다른 기술이 더 중요해집니다. 자신의 단기 목표가 무엇인지 항상 파악해 관련된 기술을 개발함과 동시에, 장기 목표를 설정하고 이를 위해 어떤 기술을 더 갖춰야 하는지 파악해야 합니다. 그리고 항상 발전하고 배우려고 노력해야 합니다. 특히 경청하는 자세가 가장 중요합니다. 많은 똑똑한 사람들이 자기 실력에 대한 자신감이 지나쳐서 다른 사람의 말을 경청하고 따르는 데 소홀합니다. 경청하고 배우는 게 말로는 간단할지 모르지만 실제로는 그렇지 않습니다. 저 역시 경력 초기에는 다른 사람의 말을 듣고 배우는 능력이 부족했습니다. 다행히도 회사가 저의 잠재력과 한계를 파악하고 임원 코칭을 통해 지금의 저로 성장할 수 있도록 도와주었습니다.

경쟁 우위란 자신의 전문 분야에서 다른 사람보다 뛰어난 것을 말하죠. 투자 분야에 종사하는 초기 경력의 젊은이에게는 대부분 기술적 역량을 의미합니다. 하지만 연차가 쌓이고 직급이 올라감에 따라 이를 보다 부드러운 리더십 역량으로 진화시켜야 합니다. 상황에 걸

맞은 경쟁 우위뿐만 아니라 회사 내 직능 역할과 직급 수준에 맞는 경쟁 우위에도 초점을 맞추는 것이 중요합니다. 그 외에도 저는 새로운 기회를 찾거나, 위험이 존재할 경우 개인적 위험을 감수하더라도 해결책을 찾아 나서려는 강한 의지를 갖고 있습니다. 다른 사람이나 회사가 제시한 해결책에 항상 동의하며 생각을 멈추기보다, 다른 해결 방안은 없는지 끊임없이 찾으며 노력하는 편이죠.

> 스티브 잡스는 대학 중퇴가 자신이 했던 최고의 선택 가운데 하나라고 말했는데요. 윤 CIO님께서 지금까지 해온 선택 중에 최고의 선택은 무엇이었나요?

교육이 중요하다고 생각합니다. 교육과 함께 평생토록 배우고자 하는 태도는 제가 가장 중요시하는 자질이죠. 모든 학습이 학교에서 이루어지는 것은 아닙니다. 중요한 것은 가르침을 받는 데 집착하지 말고 배울 수 있는 모든 곳에서 스스로 학습할 기회를 찾아내야 한다는 것입니다.

저는 제가 받은 교육을 소중히 생각합니다. 코넬대학교에서 엔지니어링 전공으로 학부와 석사 과정을 마쳤습니다. 졸업 후 월스트리트에서 일하면서 뉴욕대학교 경영대학원 야간 과정에 진학하고, 동시에 CFA(Chartered Financial Analyst, 국제 공인재무분석사) 프로그램에도 등

록했습니다. 일과 야간 수업을 병행하기는 쉽지 않았습니다. 당시 회사에서 교육비를 전액 지원해주지 않아 제가 학비를 부담해야 했습니다. 경제적으로 여유가 없던 시절에 다른 사치를 포기한 거죠. 지식을 얻고 싶었으니까요.

그러던 중 JP모건 트레이딩 플로어에서 일본 도쿄에서 근무할 수 있는 일자리를 제안받았습니다. 경영대학원에 2년 반을 다녔고(즉, 85% 수료) MBA(Master of Business Administration, 경영학 석사) 졸업까지 한 학기를 남겨놓은 상태여서 공부를 계속할지, 아니면 다른 시장에서 경험을 넓힐지 결정해야 했습니다. 교육의 중요성을 알기에 MBA 과정을 마치고 싶었지만, 저는 경험을 쌓기로 했습니다.

이런 결정에 큰 영향을 미친 것은 아버지의 말씀이었습니다. 아버지는 저에게 간단한 질문 하나를 던지셨습니다. "직장에서의 업무와 하루의 일상이 편안하게 느껴지니?" 제 대답은 "예"였습니다. 저는 편안했습니다. 직장에서 업무 성과가 좋았고, 학교도 좋았습니다. 제 말을 들은 아버지의 답은 간단했습니다. 젊은이로서 새로운 경험을 찾아 '앞으로 나아갈 시간'이 됐다는 말씀이었습니다.

저의 결정은 올바른 것이었습니다. 학교에서의 배움도 장점이 있지만, 결국 학습의 목적은 경험을 쌓는 것입니다. 어느 시점에서는 새로운 목표와 열망을 추구하는 것도 중요합니다. 사람은 항상 목표를 갖기 위해 노력해야 하며, 목표를 추구할 좋은 기회가 생긴다면 기존의 틀에 얽매이지 않아야 합니다. 저는 MBA 프로그램에 돈과 시간을 투자했습니다. 2년 반 동안 일주일에 사흘씩 새벽 5시에 일어나 출근했고, 직장에서 조퇴 허락을 받아 학교에 갔다가 자정에야 귀가했습니다. 교육의 목적은 학습 능력과 논리적 사고를 키우는 것이지만, 성취해야 할 목표는 아닙니다. 궁극적 목적은 새로운 경험을 쌓고 경력을 키울 기회를 얻는 것입니다. 그런 기회는 흔치 않습니다. 결국, 많은 에너지와 시간을 투자했던 학업을 포기하고 흥미롭고 새로운 진로를 선택했습니다. 제 경험의 폭을 넓히고 글로벌 인재로 성장할 기회를 얻을 수 있었다는 점에서 그 결정은 경력 초기에 내린 중요한 결정 중 하나였습니다.

> **만약 과거로 돌아가 취업 전 선택의 갈림길에 서게 된다면, 다시 월스트리트에서 일하실 건가요? 그리고 그 밖에 과거에서 무언가 바꾸고 싶은 선택이 있으신지요?**

제가 월스트리트를 선택한 것은 아니지만 저는 최선을 다했고, 이 업계의 전문가가 됐습니다. 제 직업과 제가 한 일에 만족하고, 과거로 돌아간다고 해도 분명히 이 일을 다시 선택할 것입니다.

하지만 놓쳐버린 기회에 대한 아쉬움도 있습니다. 저는 모든 사람의 인생에는 세 번의 기회가 주어지니 그 기회를 놓치지 말라는 중국 속담을 믿습니다. JP모건에 있을 때 신용파생상품 시장에 진출하여 다른 진로를 선택할 기회가 있었는데 놓쳤습니다. 당시 그 시장은 초기 단계여서 급성장하리라는 걸 알지 못했거든요. 조언을 구할 수 있는 멘토가 있었다면 저는 분명 그 직책을 맡았을 것입니다. 신용파생상품 시장은 이미 그 중요성이 커지고 있었고, JP모건과 또 다른 한 회사가 그 시장을 선도하고 있었습니다. 주어진 기회를 놓치고 나서야 그 사실을 깨달았습니다.

그래서 저는 항상 젊은이들에게 의지할 만한 멘토를 두라고 조언합니다. 인생은 좋은 결정과 나쁜 결정으로 나눌 수 있는 정밀과학 같은 게 아닙니다. 멘토도 이런 중요한 질문에 정답을 줄 수는 없습니다. 하지만 많은 경험과 세상에 대한 폭넓은 지식을 가진 사람은 세상을 더 넓고 깊게 바라볼 수 있으므로, 그런 사람과의 대화는 진로를 더 잘 이해하고 계획하는 데 중요합니다. 하나 더 덧붙이자면, 특히 경력 초기에는 장기적으로 더 훌륭한 기회를 얻기 위해 한 발짝 물러나는 것을 두려워하지 말아야 합니다.

제 경력 후반기에 또 다른 기회를 놓쳐버린 일이 있는데, 이는 제가 가진 기술적 역량을 관리자의 역량으로 발전시킬 준비가 부족했기 때문이었습니다. 우리는 모두 현재 자신이 하는 일에서 최고가 되기 위해 끊임없이 노력하죠. 하지만 미래 성공에 필요한 역량을 개발하는 것도 중요합니다. 현재의 역할과 역량에 주목하되, 다음 역할로 나아가기 위해 어떤 역량이 필요하며 어떤 역량을 개발해야 하는지 끊임없이 생각해야 합니다.

한국의 개인 투자자는 외국인이나 기관보다 정보가 부족해서 질 수밖에 없다고들 말합니다. 개인 투자자들이 기관 투자자의 수익률을 이길 수 있을까요? 그러려면 어떤 노력이 필요하다고 보시는지요?

단타 매매자와 단기적 시장 움직임에 따라 투자 결정을 내리는 사람들이 월스트리트의 전문 투자자들을 이기기는 쉽지 않습니다. 정보의 불균형이 너무 크니까요. 시장의 일반적인 추세나 예상을 거슬러 단기 매매를 하여 수익을 거뒀다고 하더라도 기술보다는 운의 역할이 더 컸음을 알아야 합니다. 물론 시장이 항상 합리적으로 움직이는 것은 아니기에 단기 모멘텀을 좇는 헤지펀드의 활동에 크게 영향을 받기도 합니다. 코로나 19 이후 시장에서 투기적인 개인 투자자들이 소셜 미디어를 이용해 집단으로 시장을 움직일 수 있었다는 사실이 얼마나 놀라운지 모릅니다.

하지만 저는 개인적으로 그런 투자 방식을 꺼립니다. 단기적으로 성공을 거둔 사람들이라도 장기적으로는 이런 성공을 반복하지 못하고 달갑지 않은 결과(적어도 제게는)를 맞닥뜨리게 된다는 것을 직접 경험했기 때문입니다. 월스트리트에는 '운을 실력으로 착각하지 말라'는 격언이 있습니다. 저는 2000년에 레버리지와 공매도를 포함한 단기 트레이딩으로 돈을 크게 벌기도 했지만 크게 잃기도 했습니다. 이후에는 단기간에 큰 이익을 얻으려는 목적으로 투자하지 않습니다.

단기간에 큰돈을 벌려고 하지도 않습니다. 그 대신 신중하게 투자하여 장기적으로 부를 늘리려고 합니다.

많은 한국인이 당장 빨리 돈을 벌고 싶어 하는 것 같습니다. 그것은 제 스타일이나 목표가 아닙니다. 그런 방식으로 거듭해서 성공을 거둘 수 있는 사람도 분명히 있을 겁니다. 이들은 일반적으로 월스트리트에서 정보의 우위를 가진 전문 투자자이며, 개인 투자자는 아닐 가능성이 큽니다. 기관 투자자는 다양한 거래 전략과 옵션, 선물과 같은 더 많은 투자 수단을 보유하고 있어 변동성이 큰 시장에서 나은 투자 결과를 만들어낼 수 있습니다.

저는 개인 투자자는 장기적으로 투자할 수 있는 기회를 찾아야 한다고 생각합니다. 또 거시경제 사이클의 어느 단계에 있는지 파악하는 것도 필요합니다. 사이클 후반에 가까워질수록 위험을 줄이고, 더 나아진 미래의 시점에 시장에 다시 참여하는 것도 좋습니다. 저는 주식·채권·부동산을 얼마나 소유할 것인지에 대해 장기적으로 전략적 목표를 세우고, 이를 연금 계좌를 통해 장기 투자하는 것이 최선이라고 생각합니다. 이런 전략적 목표를 설정한 후 위험자산의 비중을 점진적으로 늘리거나 줄이되, 그 규모가 전략적 목표에서 크게 벗어나지 않는 선에서 수정하는 게 바람직합니다.

> 한국 경제와 주식 시장을 어떻게 보시는지요? 한국 투자자들이 한국 주식과 함께 미국 주식에 투자한다면 비중은 어느 정도가

한국 경제는 세계 10위를 차지하고 있으며 한국의 GDP는 지속적으로 성장세를 보여왔습니다. 그러나 한국 주식 시장은 이런 경제 성장을 반영하는 상승세를 보여주지 못했습니다. 제가 완전히 이해하는 것은 아니지만, 한국 주식 시장은 한국의 경제적 성공을 잘 대변하지 못하는 것 같다는 생각이 듭니다. 그래서 많은 외국인이 한국 주식 시장에 장기 투자를 하지 않습니다. 미국 주식 시장은 미국 GDP 성장률을 웃도는 수익률을 보입니다. 미국 기업들이 전 세계 곳곳에서 매출을 창출하기 때문에 S&P500 지수에 투자하면 글로벌 GDP 성장의 이점을 누릴 수 있기 때문일 것입니다. 미국 기업들의 이익률이 더 나은데, 이는 경영이 효율적으로 운영되고 있고 높은 경쟁력을 갖추고 있어서 결과적으로 주주에게 더 많은 이익이 돌아간다는 것을 의미합니다.

미국 주식에 자산의 몇 퍼센트를 투자해야 한다고 단정적으로 말하기는 어렵습니다. 환율 위험도 생각해야 하죠. 그러나 한국의 산업 구조나 시장이 상대적으로 작고 역동성이 덜한 것을 고려했을 때, 근본적으로 투자자들에게 최고의 수익을 제공하기 위한 최적의 구조와 체계를 갖춘 미국 기업들에 관심을 가져야 한다고 생각합니다. 미국 기업들은 투자자들에게 가장 많은 이익을 돌려주기 위한 최적의 구조와 체계를 갖추고 있습니다.

> **지금까지 미국 시장은 대체로 우상향했고 한국 시장은 박스권에 머무른 경향이 있습니다. 앞으로는 어떻게 되리라고 전망하시나요?**

주주 가치를 더 중요하게 생각하는 인식이 확산되지 않는다면 한국 증시는 계속해서 한국 경제의 성공에 따른 혜택을 받지 못할 수 있습니다. 한국은 세계화의 수혜를 입으며 엄청난 성장을 이룩한 국가입니다. 그리고 한국 주식은 항상 경기 순환적이고 수출 중심적인 경향을 보입니다. 따라서 한국 증권 시장은 경기 확장의 초기 지표이기 때문에 글로벌 경제가 경기 사이클 후반부에 접어들 때에는 투자 비중을 축소하는 것이 좋습니다. 또한 주요 수출 대상국 중 하나인 중국에 대한 의존도에서 벗어나기 위해 노력하고 있는데, 이 문제에 대한 해답을 찾아야 한다고 생각합니다.

> **윤 CIO님은 자산의 몇 퍼센트를 주식에 투자하고 계신가요? 투자금을 자산별로 어떻게 배분하는 게 적당하다고 생각하시나요?**

자산 배분은 개인의 선호도에 따라 달라집니다. 그 결정의 근본적 요인은 투자 위험을 얼마나 감수할 것이냐 하는 것입니다. 젊은 층은 장기 투자를 위해 더 많은 주식을 보유해도 좋지만, 나이가 들면 주식

보유량을 전략적으로 줄여야 합니다. 저는 장기 포트폴리오를 단순하게 유지하면서 주식 대 채권 비중을 60대 40으로 유지하는 편입니다. 이와 별도로 부동산도 소유하고 있습니다. 저는 경기 사이클이 후반부에 접어들면 이런 전략적 배분에서 벗어나 현금 보유를 늘릴 것입니다. 시장이나 경기가 예기치 않은 변화를 겪을 때 더 나은 진입점에서 투자할 수 있는 이점이 있고, 사이클마다 변화하는 경제 테마에 따라 이전 사이클과 다른 자산을 보유할 수도 있습니다.

시장의 동향이 항상 분명한 것은 아니지만 시장은 시간이 지남에 따라 다양한 테마를 제공하는 경향이 있습니다. 예를 들어, 현재 경기 사이클에서 저의 포트폴리오 구성은 주식:채권:현금이 40:40:20으로 주식이 평소보다 적은 비중을 차지합니다. 저는 경기가 둔화하고 자산 가격이 이런 경기 침체를 반영할 또 다른 기회를 기다립니다. 이번 경기 사이클은 엄청난 재정 및 통화 부양책이 있었다는 점에서 이례적이었습니다. 다음 테마는 광범위한 원자재가 될 것으로 생각합니다. 원자재를 예의 주시할 필요가 있을 것입니다.

펀드를 사려고 할 때의 기준도 궁금합니다. 여전히 펀드를 낯설어하는 투자자들도 많고, 펀드 종류가 너무 다양해 선별하기 어려워하는 분들도 많습니다.

이는 사실이며 쉽게 답할 수 있는 문제가 아닙니다. 이런 고충을 토로하는 투자자에게 말씀드리고 싶은 것은 ETF나 뮤추얼 펀드를 통해 국가별 또는 섹터별로 투자를 배분하는 단순한 패시브 전략을 고려해보라는 것입니다. 이렇게 하면 더 넓은 범위의 이익을 얻을 수 있고, 전문 지식 부족으로 어떤 유형의 펀드가 더 나은지 판단하기 어렵다고 걱정할 필요가 없습니다.

ETF나 뮤추얼 펀드를 선택할 때는 다음 두 가지 요소를 고려해야 합니다.

① 전략적 자산 배분 또는 적절한 펀드 카테고리 선택
② 투자 카테고리 내에서 뮤추얼 펀드나 ETF 선택

대부분 투자자에게는 저렴하고 다양화된 뮤추얼 펀드나 ETF를 사는 것이 옳을 것입니다. 그 전에 먼저 어떤 종류의 뮤추얼 펀드나 ETF가 적합한지를 결정해야 합니다. 주식에 100%, 주식 80%에 채권 20%, 주식 60%에 채권 40% 등 여러 선택지가 있습니다. 나이에 따라 선택이 다를 것입니다. 20대와 30대의 젊은 층은 주식 비중을 80% 이상으로 할 수 있습니다. 만약 50대라면 주식 비중을 40~60%로 내리는 게 좋을 것입니다.

자산 배분은 투자 수익의 90% 이상을 결정하며, 따라서 올바른 자산 배분은 투자의 기본입니다. 최적의 배분 조합은 투자자마다 다르며, 각자의 단기 및 장기 금융 목표에 기반합니다. 만약 유능한 금융 전문가의 서비스를 이용할 수 있다면, 전략적 투자 배분을 결정하는 데 도움이 될 것입니다. 그렇지 않다면 워런 버핏의 제안을 따르는 것도 좋습니다. 자산의 90%를 주식에 투자하고 나머지 10%를 단기 채권에 투자하십시오. 예기치 않은 유동성 필요가 발생할 경우를 대비한 것입니다.

타깃 데이트 펀드(Target Date Fund, TDF)를 사용하는 것도 현명한 옵션입니다. 이 펀드는 초기에는 주식 90~95%로 시작해 퇴직에 가까워질수록 주식 60%, 채권 40% 조합이 되도록 투자합니다. 하지만 개인이 정기적으로 리밸런싱하기 어렵다는 점 등이 있기에 자산운용 전문가를 활용하는 것이 이상적입니다.

이상적인 투자 자산 배분이 결정되면 모닝스타 같은 투자 관리 서비스 플랫폼에서 해당 카테고리 내의 자산운용 전문가나 펀드 옵션을 찾아보세요. 이때는 다음과 같은 주요 요소에 중점을 두십시오.

- 수수료: 초과 수익 여부는 불확실하더라도, 수수료가 낮다면 장기적으로 볼 때 성과를 높일 수 있습니다. 일반적으로 고비용 수수료는 그 비용을 정당화할 만한 성과를 거의 내지 못합니다. 두 가지 유사한 옵션 사이에서 고민 중이라면 수수료가 더 낮은 것을 선택하세요.
- 위험 감수: 다양한 연구 결과에서 과도한 리스크를 감수하는 전

문가들은 평균적으로 성과 하위 범주에 속하는 것으로 나타납니다. 매년 상위 또는 하위 10%에 속하는 자산운용 전문가는 피하는 것이 좋습니다. 올바른 주식을 선택할 때와 마찬가지로, 과도한 위험을 감수하는 전문가는 피해야 합니다. 장기적으로 위험을 최소화하기 위해 적당한 위험을 감수하는 전문가를 선택하세요. 패시브 펀드나 ETF를 선택하는 것도 좋은 옵션입니다만, 일부 펀드에서 포트폴리오 구성에 내재한 편향(예를 들어 가치나 성장 또는 ESG 지향 패시브 펀드 등)에 주의해야 합니다.

위험 수준을 측정하기 위해 감시할 몇 가지 중요한 지표는 다음과 같습니다.

① 대표 벤치마크에 대한 포트폴리오의 변동성
② 벤치마크 대비 포트폴리오의 트래킹 에러(Tracking error, 추적 오차)
③ 모닝스타 또는 금융 데이터 제공 업체 리퍼가 부여한 등급 및 백분위 순위(자주 극단적 위치에 있는 펀드는 피하세요.)

배우고 진화하는 투자자가 되기 위해 특별히 가지고 계신 루틴이나 습관이 있으신가요?

우선, 금융 뉴스 읽는 걸 좋아합니다. 미국에서는 일반적으로 주말에 읽기 좋은 뉴스로 배런스를 꼽습니다. 주로 미국의 재정, 경제 성장 및 관련 통계 자료를 다룹니다. 투자에 관한 기본 서적을 몇 권 읽는 것도 도움이 될 것입니다. 요즘 온라인에는 너무나 많은 정보가 있습니다. 그러나 투자에 대한 기본적 사항들을 알아두는 것이 중요합니다. 투자에 대한 의견은 다양하기에 리서치 보고서를 읽을 때는 내용을 충분히 읽고 자신만의 논리를 만들어갈 필요가 있습니다.

증권사에서 작성한 연구 보고서도 많이 읽습니다. 또 어떤 종목을 사야 할지 알기 위해서가 아니라 그들의 통찰력을 얻기 위해 독립 리서치 회사의 자료도 사서 보고 있습니다. 많은 보고서를 읽고 인사이트를 얻어서 나의 견해를 정립하는 데 활용하는 거죠. 언론 매체를 통해 자료를 접한다면 그것이 정보 우위를 갖지는 못하겠지만, 그래도 배울 만한 것이 있습니다. 누군가 한두 명이 말한 것만을 토대로 투자를 결정해서는 안 됩니다. 저는 일부 투자자가(극소수이기를 바라지만) 제가 제시한 투자 방향을 문자 그대로 받아들이는 것을 보고 종종 놀랍니다. 시장은 끊임없이 변화하며, 요즘에는 그 변화가 더 빈번합니다. 시장이 변화하는 이유, 그 이면의 논리를 알아야 새로운 정보를 올바르게 해석할 수 있습니다.

시장은 끊임없이 진화하므로 지속적인 독서를 통해 정보를 습득하고 생각을 발전시켜야 합니다. 독서에 특별한 루틴은 없습니다. 아침에 읽어도 좋고 일주일에 한 번 읽어도 좋습니다. 대신 끊임없이 책을 읽고 다른 사람들과 정기적으로 만나 얘기하는 게 중요합니다. 저는 저와 의견이 다른 사람들과 대화하는 것을 좋아합니다. 이를 통해 제가 놓치고 있는 것이 무엇인지 알게 되고, 제 견해를 바꿔야 할지 유지해야 할지 판단할 수 있으니까요. 저는 다른 사람들과 이야기할 때 그들이 어떻게 저와 다른 결론에 도달했는지를 이해하려 합니다.

마지막으로, 제가 아침에 일어나서 가장 먼저 하는 일은 블룸버그를 보는 것이고, 잠자리에 들기 전 마지막으로 하는 일도 블룸버그를 읽는 것이라는 말로 답변을 마무리하겠습니다. 블룸버그 데이터는 제가 가장 많은 시간을 할애하여 꾸준히 보는 자료입니다.

> **투자에는 피할 수 없는 실패의 순간이 있기 마련인데요. 이를 극복하신 방법이 궁금합니다.**

답은 간단합니다. 실수를 통해 배우는 거죠. 다른 사람의 실수를 통해 배우는 것이 더 좋겠지만, 자신의 실수를 통해 배우는 게 더 강력한 힘이 있습니다. 인간이라면 누구나 실수를 할 수 있고, 이는 정상적이죠. 다만 실수를 반복한다는 것은 그 일에 소질이 없다는 것을 의미하므로 그 일은 다른 사람에게 맡기고 자신이 잘하는 다른 일을 찾는 게 바람직합니다.

투자자 중에는 투자를 다른 사람에게 맡기는 편이 나은 사람이 많습니다. 투자는 골프와 같습니다. 공을 완벽하게 치려 해서는 안 됩니다. 두 번째 샷을 하기에 더 좋은 위치로 공을 보내야 합니다. 불가피한 실수가 발생했을 때 두 번째 샷을 통해 실수를 만회하고 궁극적으로 공을 그린에 올려놓을 수 있도록 해야 합니다. 골프는 투자에 대해 많은 교훈을 줍니다.

투자에 실패하거나 계속 손실이 날 때는 거래를 청산하고 휴식하는 것이 최선입니다. 돈을 잃는 것보다 나쁜 것은 더 많은 돈을 잃는 것입니다. 이때는 포지션/거래를 청산한 다음 내가 어떤 정보를 놓치고 있는지 재평가해야 합니다. 모든 투자자, 심지어 최고의 투자자조차 크고 작은 실수를 저지르기 마련입니다. 중요한 것은 손실을 최소화하고 원인을 파악한 다음, 실수를 만회하고 새로운 투자 아이디어로 전환하는 것입니다.

또 포트폴리오에 여러 종류의 투자 아이디어를 포함해 투자를 다각화하는 것도 중요합니다. 어떤 거래는 실패하지만 어떤 거래는 돈을 벌어다 주기도 합니다. 몇몇 개별 거래에 일희일비하지 말고 전체 포트폴리오 수준에서 이익을 내는 구조를 갖추는 게 중요합니다. 포트폴리오에서 각 거래의 규모를 적절하게 만드는 것이 핵심입니다. 투자에서 완벽을 추구할 필요는 없습니다. 손실을 내는 거래보다 이익을 내는 거래가 더 많아지도록 하면 됩니다. 야구 경기에서 타자처럼 말이죠. 세 번의 타석에서 안타 하나를 칠 수 있다면 좋은 타자입니다. 이상적인 타자가 되려면 세 번의 타석에서 안타 2개를 쳐야 합니다.

그 이상은 필요하지 않습니다. 그 이상을 해낼 정도로 엄청난 능력을 갖춘 사람은 거의 없습니다.

> **기대수명이 늘어나면서 이와 대비해 정년은 짧게 느껴지는데요. 투자 관점에서 지금부터 어떻게 노후를 준비하는 게 좋을까요?**

어려운 질문이네요. 은퇴 이후를 대비해 더 많이 저축하고 투자하는 것은 분명 중요한 일이죠. 하지만 나이가 들어가면 너무 많은 위험을 감수하지 않으면서도 어느 정도의 위험은 감수하는 포트폴리오를 구성하는 게 중요합니다. 인플레이션으로부터 보호받는 것이 중요하기 때문입니다. 현금을 통해 얻는 수익은 인플레이션으로 인한 구매력 손실을 극복하는 데 충분하지 않을 수 있으니까요. 이 문제는 단순하게 답할 수 있는 주제가 아닙니다.

> **한국에서는 주식 투자 전에 내 집 마련이 먼저라는 인식이 강합니다. 한국인은 자산의 70~80%가 부동산이라는 통계치도 있을 정도이고, 노후 대비에서도 부동산을 선호합니다. 이런 경향에 대해서는 어떻게 생각하시나요?**

한국 주식 시장은 한국 경제의 성장에 상응하는 성과를 내지 못했지만, 부동산은 훨씬 더 좋은 성과를 냈습니다. 그래서 한국에서는 많은 사람이 부동산을 더 선호합니다. 미국의 상황은 다릅니다. 미국에서는 부동산뿐 아니라 주식 시장도 좋은 성과를 내고 있습니다. 저는 한국의 부동산 공급 제약이 언제까지 지속할지, 그리고 이런 공급 제약이 부동산 가격 상승에 얼마나 영향을 미칠지 궁금합니다. 저는 한국의 부동산 가격이 비싸다고 잘못 분석한 적이 있습니다. 제 눈에는 한국 부동산의 상대적 가치가 높아 보이지만, 실제로는 공급 제약과 강한 수요가 부동산 가격을 비싸 보이게 하는 주된 원인이었던 겁니다. 언제쯤 공급이 충분해져 이런 불균형이 해소될지는 모르겠지만, 저는 머지않아 공급과 수요 사이의 불균형이 바로잡히고 투자자들이 부동산을 통해 이전처럼 많은 이익을 얻진 못하게 될 것으로 생각합니다.

전체 자산의 70~80%를 부동산에 투자하는 전략은 은퇴를 대비해 한 가지 자산군만 보유하는 매우 위험한 전략이라고 봅니다. 저라면 유동성이 낮은 자산군에 지나치게 집중 투자해 추세가 바뀔 때 해당 자산에서 빠져나오기 어려운 상태로 은퇴를 맞이하고 싶지 않을 것입니다. 주식의 좋은 점은 유동성이 높고 빠르게 빠져나올 수 있다는 점입니다.

윤 CIO님께서는 은퇴하신 후에 한국에 돌아오는 것도 생각하신다고 들었습니다. 앞서 멘토의 중요성에 대해서도 강조하셨는데요. 혹시 나중에 한국의 젊은이들에게 가르침을 주시는 방향도 고려하시는지요?

은퇴 후 무엇을 할지 아직은 잘 모르겠지만, 한국에 무언가 이바지할 방법이 없을까 늘 고민하고 있습니다. 저는 한국에 큰 애정을 품고 있습니다. 지금은 미국인이 됐지만, 어릴 적 한국을 떠난 것은 제가 원한 것도 아니었고 저의 선택도 아니었습니다. 노후를 어디서 보내야 할지, 한국 사람들에게 어떻게 보답할 수 있을지 고민하고 있습니다.

많은 사람이 제가 바쁜 시간을 쪼개 한국 언론사의 뉴스에 출연하고 인터뷰하는 모습을 보면서 궁금해합니다. 회사 홍보나 개인 홍보 때문이라고 보기도 하고, 본업이 잘되면 굳이 시간을 내서 저렇게 나올 이유가 없지 않겠느냐고 의심의 눈길을 보내기도 하죠. 저는 한국 말이 서툴고 특히 한국어로 경제 이야기를 할 일이 별로 없어서 언론 인터뷰가 어렵고 힘들지만, 그래도 요청이 오면 대부분 응합니다. 대중과 피드백을 주고받으면서 큰 보람을 느끼기 때문입니다. 한국에서 저와 같은 분야에서 일하고 싶어 하는 청년이나 이 분야에 관심을 가진 개인 투자자들을 제가 조금 더 부지런히 움직이고 시간을 내서 도와줄 수 있다면 그보다 큰 보람은 없다는 게 제 생각입니다. 그들에게 투자란 무엇이고, 어떻게 시작해야 하고, 어떤 마음으로 해야 하는지 알려주고 싶습니다. 앞으로도 한국을 위해 제가 무엇을 할 수 있을지 계속 살펴보려고 합니다.

저는 한국계라는 데 긍지가 큽니다. 저의 투지와 근면함은 한국인의 유전자에서 비롯된 것입니다. 지금의 대한민국 경제를 일구신 어르신들에 대한 존경심도 가지고 있습니다. 소외된 노인들을 위한 무료급식소에도 기부한 적이 있고요. 더 좋은 대우를 해드려야 한다고 생각합니다. 한국에 대한 자부심과 애착은 제 가슴에 깊이 새겨져 있습니다.

> **가정에 충실하면서 업무도 완벽히 처리해내는, 즉 두 마리 토끼를 잡고 싶어 하는 사람들이 많습니다. 이들에게 조언을 해주신다면?**

안타깝게도 저는 일과 삶 사이에 균형을 맞추는 데 거리가 먼 사람입니다. 그 대신 저는 일 자체를 즐기고 있습니다. 이 점에서 저는 일 중독자입니다. 일을 힘들게 여기지 않고 즐깁니다. 업무에 많은 시간을 할애하고, 한가한 시간에는 보고서를 읽으면서 투자 아이디어나 사업 아이디어를 찾습니다.

제가 강조하고 싶은 것은 성공에 필요한 열정입니다. 자신이 하는 일에 열정을 가진 사람에게는 일이 노동이 아니라 즐기는 대상이 됩니다. 그런 점에서 자신의 시간을 주도적으로 관리하면서 회사 업무에 할애하는 시간과 더 나은 업무 수행을 위해 자기 계발에 할애하는 시간을 별도로 갖는 게 중요합니다. 자기 일에 대해 열정이 없다면 그렇게 할 수 없습니다. 핵심은 열정을 쏟을 수 있는 일을 찾는 것입니다. 그러면 두 가지가 자연스럽게 이루어질 것입니다.

일을 하기 싫은 과제로 여기고 자유로운 시간을 갖고 싶어 하는 사람은 성공하지 못할 가능성이 큽니다. 시간 관리를 통해 일상적인 업무를 하는 시간과 역량을 강화하는 시간으로 구분하고, 자기 계발을 위해 일정 시간을 확보할 수 있는 사람은 더 성공한 인생을 살 것입니다. 그러면 일과 삶의 균형 속에서 행복도 찾을 수 있다고 봅니다. 가족과 함께 보낸 시간을 생각할 때, 저는 그렇게 하지 못했다는 데 아쉬움이 많습니다.

**자녀 교육과 관련해서 어떤 철학을 가지고 계신지도 궁금합니다. 자녀들의 경제 관념은 어떻게 심어주면 좋을지, 또 한국계 미국인으로서 자녀들에게 특별히 당부하시는 것이 있으신지요?**

아이는 우리의 미래이며, 따라서 아이에게 투자해야 합니다. 한국에서는 자녀가 무엇을 배워야 할지를 부모가 자신의 관점에 따라 결정하고, 교육과 과외 활동을 강요하는 것 같습니다. 저는 다른 방식을 권합니다.

무엇보다, 자녀가 다양한 활동을 해보면서 관심 있는 것을 스스로 선택할 수 있게 해주세요. 그런 다음 자녀가 선택한 것을 지속할 수 있도록 도와주고, 어려움이 생겼을 때 포기하지 않도록 격려해주세요. 이렇게 할 때 자녀가 관심 있는 분야를 결정하고, 힘든 일이 닥쳤을 때도 포기하지 않고 목표를 향해 나아가도록 가르칠 수 있습니다. 투지는 가르치고 길러주어야 합니다. 또 어려운 일에 도전하고, 실패했을 때 극복하는 법을 배우도록 하는 것도 중요합니다. 교실이나 과외를 통해서는 가르칠 수 없는 최고의 교육입니다. 인생은 복잡해서 체계적 교육을 통해 배우는 것도 중요하지만, 체계적이지 않은 상황을 관리하고 실수와 실패를 극복하면서 더 나은 사람으로 성장하는 것도 중요합니다. 교육의 요체는 체계적인 교육이나 사교육을 제공하는 게 아니라, 아이들이 자신의 선택으로 하고 싶은 일을 하면서 스스로 학습하는 과정을 경험하게 하는 것입니다.

1980년대 하버드 경영대학원에서 당시 주요 기업 CEO들의 프로필을 분석한 적이 있습니다. 당시 일반적인 CEO는 백인 남성에 키가 크고 좋은 학교에 다녔으며 스포츠를 즐기는 사람들이었습니다. 오늘날에는 이 프로필에서 인종(피부색)이나 성별(남성 또는 여성) 차이는 없어졌지만, 한 번 실패했다가 재기한 사람들이 그 자리를 차지하고 있습니다. 실패한 후 다시 도전하여 성공하는 투지를 가르치는 방법은 없습니다. 이런 투지는 스스로 무언가를 시도하고 다시 시도하는 과정에서 나오는 것이지 체계화된 학습에서 나오는 것이 아니기 때문입니다. 아마도 아이들을 해외로 보내 바깥세상을 경험하게 하는 것이 최선일 수도 있습니다.

오늘날에는 대기업에 입사해 그 안에서 승진하는 게 성공의 유일한 길이 아닙니다. 스타트업에서 기업가 정신을 익히고, 자신의 아이디어를 현실화하면서 실패와 성공에서 배우는 것이 더 중요합니다.

## 인생에서 가장 중요하게 생각하시는 가치와 원칙은 무엇인가요?

'성실성'과 '타인을 배려하는 마음'을 꼽겠습니다. 오늘날 사회 경제는 물건을 생산하는 제조업 위주에서 사람이 핵심 자원이 되는 서비스 산업으로 변화하고 있습니다. 적어도 금융 업계에서는 사람의 마음을 움직이는 것이 중요하며, 이를 위해서는 수준 높은 도덕성과 가치관을 갖는 것이 중요합니다. 이런 덕목과 함께 다른 사람을 이해하고 공감하는 것도 중요합니다.

저는 인생에서 성공의 기준은 개인적 성공을 거두고 많은 돈을 버는 데 있는 것이 아니라 우리가 속한 환경을 개선하는 데 있다고 생각합니다. 저는 회사에서 의사결정을 내릴 때 항상 그 결정이 회사에 어떤 의미가 있는지 먼저 생각하고, 그다음 팀원에게, 그다음 저 자신에게 어떤 의미가 있는지를 생각합니다. 이것은 중요한 원칙입니다. 사람들은 대체로 자신의 성공에 집중하는 경향이 있지만, 이런 사고의 틀은 자신에게 몰입되지 않고 생각의 균형을 맞추는 데 중요합니다. 인간으로서 우리는 문제를 해결할 때 자신을 최우선으로 생각합니다. 하지만 조직과 동료를 먼저 생각하는 습관을 들인다면, 그것이 결국 자신을 더 나은 사회적 존재로 만들어준다는 사실을 깨닫게 될 것입니다.

비즈니스 세계는 자칫 냉혹한 논리에 지배될 수 있습니다. 우리 자신에게 최선인 것을 찾으면서도 공동의 선을 추구하기 위해 노력하는 것이 중요합니다. 그리고 궁극적으로 우리가 내린 결정으로 빚어진 세상에서 살아야 하고 그 결과에 만족해야 합니다. 저는 자기 자신을 위한 단기적 승리를 추구하는 사람들을 종종 만납니다. 그런 사람은 단기적 승리를 얻는다고 해도, 시간이 지나면 다른 사람들과 관계가 끊어지고 존경받지 못할 수 있습니다.

우리는 결국 사회의 일부입니다. 따라서 회사나 사회에서 다른 사람에게 영향력을 미치고 싶다면, 리더십을 발휘하고 다른 사람이 따를 만한 영향력을 갖추는 것이 중요합니다. 낮은 직급의 직원이나 힘이 없는 사람에게 단순히 지시하는 것만으로는 되지 않습니다. 사람이 핵심 자원인 서비스 산업에서 목표를 달성하려면 사람의 마음을 움직여야 합니다. 회사에서 그들의 이익을 신경 쓰지 않는다면 그들은 회사를 떠나 다시 돌아올 필요가 없다고 생각할 테니까요.

> 한국 경제와 한국 시장의 발전을 위해 앞으로 20~30대 젊은이들이 어떤 노력을 하면 좋을까요?

20대와 30대 때는 자신이 열정을 쏟을 수 있는 직업이 무엇인지 찾고 자신이 잘할 수 있는 일과 그 일을 가장 잘할 방법을 탐구하고 발견하는 것이 중요합니다. 전문성을 키우고 장기적 관점에서 자신을 준비해야 할 때죠.

중간 관리자로 올라가면 단순한 기술적 역량에서 벗어나 다른 사람에게 영향을 미치고 다른 사람을 관리하는 데 필요한 균형 잡힌 역량으로 확장하는 것이 중요합니다. 또 자신의 업무나 과제에 대한 책임감과 주인의식을 갖는 것도 중요합니다.

저는 가끔 젊은 사람들이 주니어 직급으로 만족하거나 자신의 역할을 하찮게 보고 열심히 하지 않는 모습을 봅니다. 인생에서 중요한 것은 금세 이루어지는 것이 아니라 오랜 시간에 걸쳐 이루어집니다. 빌 게이츠는 전문가가 되기 위한 1만 시간의 법칙을 언급했습니다. 의미 있는 전문 지식과 결과는 오랜 시간의 헌신에서 비롯됩니다. 저 역시 일과 결과를 바라보는 자세에서 '빨리빨리'라는 한국인의 유전자를 갖고 있었습니다. 하지만 이 방법으로는 결코 전문성을 키울 수 없습니다. 금융 업계에서는 책임감 있는 사람이라는 평판을 얻는 게 중요합니다. 금융 업계에서 이런 평판은 직원을 채용할 때 중요하게 고려하는 요소입니다.

> **월스트리트에서 일하는 것을 꿈꾸는 한국의 청년들이 많습니다.**
> **이들에게 조언을 해주신다면?**

월스트리트는 최고 중에서도 최고의 인재들이 경쟁을 벌이는 각축장입니다. 세일즈 및 트레이딩 또는 IB 관련 인재를 육성하는 월스트리트 트레이닝 프로그램에 참여하려면 명문 대학에서 높은 학점을 받는 게 기본입니다. 월스트리트의 기업들은 대학에서 2학년을 마친 학생들을 대상으로 일찌감치 후보자를 모집합니다. 단순히 성적만 보는 기업은 많지 않습니다. 면접을 통해 지원자가 배움에 열려 있으며 유연한 사고방식과 문제 해결 능력을 갖춘 사람인지를 중점적으로 봅니다. 그러므로 다재다능한 소양을 갖출 필요가 있습니다.

퀀트 프로그래밍과 같은 특수한 기술 직무를 수행할 사람을 찾기 위해 월스트리트 금융사들은 전문가 채용 프로세스를 갖추고 있습니다. 해당 직무에 적합한 특정 기술을 갖춘 인재를 찾기 위해서입니다. 이런 전문 직군에서 일하고자 한다면 그 영역에서 기술적으로 가장 뛰어난 강점을 보유하는 게 중요하며 다른 기술은 그다지 중요하지 않을 수 있습니다. 누구에게도 뒤지지 않는 기술적 역량을 갖춘 사람이라면 국적을 불문하고 월스트리트에 채용될 것입니다.

그와 다른 경로로 월스트리트에 진출하고 싶다면, 홍콩이나 싱가포르로 가서 그곳에 현지 사무소를 둔 월스트리트 금융사에서 경험을 쌓으면서 미국 진출을 노리는 게 더 나은 선택일 수 있습니다. 관건은 회사에서 나에게 원하는 기술 역량이 무엇이며, 내가 그 역량을 바탕으로 회사에 어떻게 이바지할 수 있느냐 하는 것입니다.

저는 월스트리트에서 일하고자 하는 사람은 명석하고, 기술적으로 뛰어나며, 성공에 대한 강한 열망이 있어야 한다고 생각합니다. 일반적 요건으로 강인한 성품, 성공에 대한 열망, 포기하지 않는 투지를 들 수 있습니다. 그리고 이를 넘어 회사가 나에게서 얻고자 하는 게 무엇이며, 내가 그런 역량을 제공할 수 있는지가 중요합니다.

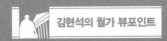

# 부채한도와 커지는 정치적 불확실성

미국 증시는 워싱턴DC의 정치적 불확실성 탓에 주기적으로 흔들린다. 대통령 선거를 포함한 선거는 당연히 시장에 영향을 준다. 그 외에 가장 흔한 이유는 두 가지다. 부채한도 상한과 연방 정부 폐쇄(government shutdown) 문제다.

부채한도란 연방 정부가 국채를 발행할 수 있는 한도를 말한다. 이를 정하는 권한은 미 의회가 갖고 있다. 의회는 1960년 이후 79차례에 걸쳐 부채한도를 올리거나 일시 유예하는 방식으로 행정부가 돈을 빌려 쓸 수 있게 해줬다. 최근엔 2021년 12월 2조 5,000억 달러를 증액해줬으며, 현재 부채한도는 31조 3,810억 달러다. 팬데믹 대응에 엄청난 돈을 쓴 연방 정부는 2023년 1월 19일 그 한도에 도달했다. 미 재무부는 국채의 채무불이행까지 이를 수 있는 사태를 막기 위해 특별 조치에 들어갔다. 공무원 퇴직연금 출연 등 긴요하지 않은 곳에 대한 지출을 늦추는 식으로 돈을 아껴 쓰기로 한 것이다.

재무부가 채무불이행에 몰리는 'X 시점(X date)'을 앞두고 2023년 6월 미 의회는 부채한도 적용을 2024년 말까지 유예해주기로 했다. 결정 과정은 쉽지 않았다. 2022년 11월 중간선거로 하원을 장악한 공화당은 부채한도 증액 조건으로 연방 정부 지출 삭감을 요구했다. 반면 민주당과 백악관은 조건 없이 부채한도를 높일 것을 주장했다. 100년 이상 누적되어온 부채를 앞으로 쓸 예산과 연계할 수 없다는 이유였다. 결국, 양당은 부채한도 적용을 2025년 1월 1일까지 미루기로 합의해 급한 불은 껐다. 하지만 신용평가사 피치는 2023년 8월 미국의 국가 신용등급을 'AAA'에서 'AA+'로 강등했다. 미국의 재정 악화 및 국가채무 부담 증가와 함께 미 정치권이 부채한도 상향 문제를 놓고 반복적으로 대치하면서 신뢰가 약해졌음을 이유로 들었다.

부채한도를 둘러싼 정치적 다툼은 새로운 것이 아니다. 하지만 과거 일상적으로 증액해주던 것이 최근 20년간 커다란 논쟁거리가 됐다. 지난 2011년 여름에도 양당은 'X 시점'을 눈앞에 두고도 여름 내내 합의를 이루지 못했고, S&P500 지수는 그해 7~8월 초 5주 동안 16% 폭락했다. 양당은 8월 초 부채한도 증액에 합의했지만, 그 직후 신용평가사 S&P는 '미국을 디폴트 직전까지 몰고 간 정치 구조'를 이유로 국가 신용등급을 AAA에서 AA+로 강등해 다시 한번 금융 시장을 흔들었다.

부채한도 문제는 2024년 말 또다시 이슈로 떠오를 것이다. 2025년 1월 1일 유예 조치가 끝나기 때문이다. 이는 2024년 11월 대통령 선거와 연계되어 정치적 불확실성을 키울 가능성이 있다.

월가는 기본적으로 미국의 파산은 발생하지 않으리라고 믿는다. 그래서 역사적으로 미 증시는 'X 시점'이 약 한 달 앞으로 다가오기 전까지는 별달리 반응하지 않았다. 찰스 슈왑은 "미국의 채무불이행은 세계 금융 시장에 극적이고 예측할 수 없는 영향을 미칠 수 있는 전례 없는 사건이 될 것이다. 그러나 그런 사건은 절대 발생하지 않았다. 의회는 항상 합의에 도달하는 방법을 찾았다"라고 설명했다.

하지만 정치적 양극화는 심각해지고, 급증하는 재정적자로 공화당의 강경파들은 지출 삭감을 강하게 주장하고 있다. 미국에서 디폴트가 발생한다면 미국 경제와 시장뿐 아니라 글로벌 금융 시장에 큰 충격이 발생할 수 있다. 미국 경제에 대한 신뢰가 흔들리면 투자자들은 미 국채를 매도할 것이고, 이는 금리 폭등과 달러 약세를 부를 것이다. 세계 외환보유고의 절반 이상이 미 달러로 이뤄진 만큼 부정적 효과가 다른 나라로 파급될 수 있다. 골드만삭스는 부채한도 문제로 채무불이행이 발생하면 미국 경제활동의 약 10분의 1이 즉시 중단되리라고 추정한다. 제이컵 루 전 미국 재무장관은 "미국이 채무불이행을 하게 되면 경기 침체는 거의 확실해진다"라고 말했다.

연방 정부 폐쇄 문제는 부채한도 이슈와는 약간 다르지만 연계되어 있기도 하다. 매년 10월 1일 시작되는 미국 연방 정부의 새로운 회계연도를 앞두고 의회는 행정부 예산을 편성해줘야 한다. 그런데 양당 간 의견 불일치로 9월 말까지 예산안을 통과시켜주지 않으면 폐쇄가 발생한다. 연방 정부가 공공 안전과 관련된 일부 핵심 기능(법 집행, 항공교통 관제, 국경 보호, 의료, 전력망 유지 등)을 빼고 비핵심 기능을 중단하는 것이다. 다행히 국채 채무불이행은 발생하지 않는다. 재무부는 폐쇄 때도 국채 이자를 지급할 수 있다. 통상은 9월에 다음 회계연도 예산에 대한 합의가 어려우면, 의회가 전년도 예산에 준해 임시예산안(Continuing Resolutions, CR)을 편성해 행정부 폐쇄를 막는다. 2010~2022년 모두 47개의 임시예산안이 의회를 통과했으며, 그 임시로 예산을 준 기간은 1일부터 6개월까지 다양하다.

하지만 임시예산안 통과마저 어렵게 된다면 폐쇄가 발생한다. 2023년 6월 민주당과 공화당은 부채한도 토론 과정에서 재정 책임법(Fiscal Responsibility Act)을 통과시켰다. 2023년 12월 말이 지나면 의회가 임시예산안을 통해 정부에 자금을 대지 못하도록 하는 특이한 조항이다. 따라서 2023년 말까지 정규예산안에 대한 합의가 이뤄지지 않는다면 상당한 기간 폐쇄가 발생할 수 있다.

1976년 의회가 지금의 예산 절차를 도입한 뒤 9월 말까지 예산이 편성되지 않는 사태가 20차례 발생했다. 그러나 주말에 잠깐 발생한 경우가 많아서 경제나 증시엔 큰 영향을 미치지 않았다. 하루 이상 정부가 폐쇄된 사례는 모두 네 번이다. 특히 2018년 12월부터 2019년 1월까지는 최장 기록인 35일간 폐쇄됐다. 연방 정부 폐쇄는 장기화하지 않는다면 증시나 경제에 큰 영향을 미칠 가능성은 크지 않다. 골드만삭스는 연방 정부가 폐쇄되면 1주일마다 분기 GDP 성장률이 연율 기준 약 0.2%포인트 감소할 것으로 추정했다.

# WALL STREET

## STREET

### INVESTMENT

# 8장

# 투자 철학을 키운
# 거장들과 도서

**윤 CIO님께서 투자 철학을 정립하는 데 영향을 준 인물과 책들을 소개해주세요.**

저는 평생 배움의 길을 걸어왔습니다. 저에게 배움이란 실무 경험을 통해 질문을 던지고 호기심을 품는 것에서부터 이런 경험을 엔지니어링 석사, MBA 프로그램, CFA 자격, 많은 독서를 통한 경험 습득과 같은 교육으로 보완하는 활동에 이르기까지 다양한 모습으로 찾아왔습니다. 결국 경험을 통한 실무적 학습과 연구 보고서 및 서적을 읽는 학습 사이의 균형을 맞추는 것이 중요합니다.

독서와 관련하여, 저는 투자 서적을 성공한 투자자들의 투자 접근법을 배우고 그들의 지식을 얻는 수단뿐만 아니라 상상력과 창의력을 키워주는 수단으로 바라볼 필요가 있다고 생각합니다. 더 나은 결정을 내릴 수 있도록 자기 성찰을 하는 데도 중요합니다. 특히 금융 업계에 종사하는 분들에게 드리고 싶은 말씀은 우리의 비즈니스는 사람에 관한 것이라는 점입니다. 사람은 우리의 가장 큰 자산이며, 최선의 결정을 내리기 위해서는 다른 사람들과 소통하고 최상의 결과를 도출해야 합니다. 이 점에서 자기 계발에 관한 책을 읽는 것도 중요합니다.

지금부터 제가 많은 것을 배웠던 투자자들과 책을 소개하고자 하는데요. 이 중에서도 특히 하워드 막스, 워런 버핏, 스탠리 드러켄밀러는 현재 활동 중인 투자자이자 제가 늘 지켜보면서 따르는 분들입니다.

## 하워드 막스: 리스크와 보상을 신중하게 따져보라

첫째로 소개할 분은 오크트리 캐피털의 설립자 하워드 막스입니다. 이분은 채권/부실 자산 및 위험성이 높은 신용 투자를 전문으로 하는 투자자로, "단기 매매 전략은 실패한 전략"이라고 말합니다. 중요한 변수에 주목하고 다른 사람들보다 시장을 더 깊게 이해하는 것이 중요하며, 단기 이벤트와 이에 기반한 매매 전략은 성공적인 방법이 아니라고 강조합니다.

투자 자본을 영구적으로 감소시킬 수 있는 리스크, 그리고 수익 창출을 위한 리스크를 충분히 감수하지 않는 리스크는 우리가 항상 주의해야 할 리스크의 양극단입니다. 막스는 자신이 신중한 성격에 리스크를 꺼리는 투자자이지만, 이런 보수적 성향임에도 운 좋게 자신의 신중한 접근 방식을 리스크가 가장 높은 신용 및 파생상품 시장에 대한 투자에 적용할 수 있었고 그 결과 높은 수익을 창출할 수 있었다고 말합니다. 이것이 바로 월가에서 우리가 구사하는 투자 전략의 기초입니다. 리스크가 높은 자산군에 비중을 두되 일정 수준의 보수적 접근 방식을 유지하는 거죠. 고위험 자산군은 충분한 수익률을 제공하고, 보수적 접근 방식은 자본이 영구적으로 손실되는 한쪽 극단의 리스크를 관리할 수 있게 해줍니다.

그가 쓴《투자에 대한 생각》은 가치 철학, 가치 평가 및 리스크 관리를 다루는 좋은 책입니다. 투자를 처음 시작하는 분들에게 도움이 될 초급·중급자용 책으로 읽기도 쉽습니다. 특히 리스크의 개념이 잘 설명돼 있습니다. 간단하면서도 매우 가치 있는 내용을 담고 있으며 방어적 투자, 투자 기회, 투자에 대한 고차원적 사고에 대해 논의합니다. 이 책에서 그는 맹목적으로 투자하지 말고 리스크와 보상을 신중하게 따져보라고 강조합니다.

또한 그는 투자 업계에 몸담은 오랜 세월 동안, 거시적 환경과 테마의 변화에 따라 투자에 대한 입장을 바꾸고 이를 반영해 실제적 결정을 내린 것은 예닐곱 번에 불과하다고 말합니다. 투자에서는 몇 번의 올바른 결정만 내리면 성공할 수 있습니다. 올바른 결정이란 장기적으로 올바른 방향으로 테마 투자에 집중하고 주식을 올바른 가격에 매수하는 것입니다. 올바른 주식을 매수하는 것보다 그 주식을 올바른 가격에 매수하는 것이 더 중요하다고 그는 말합니다.

《하워드 막스 투자와 마켓 사이클의 법칙》이라는 또 다른 책에서 그는 자산 버블과 거시경제적 변화가 시장 사이클에 어떤 역할을 하는지에 대한 귀중한 교훈을 제시합니다. 이 책에서는 시장, 경제, 역사에서 발견되는 사이클의 패턴과 각각의 패턴을 주도하는 요인, 그리고 이들이 어떻게 상호 연결되는지에 대해 설명합니다. 또한 시장 사이클의 기복을 이해하고, 추적하고, 이에 대응하는 방법에 대한 실용적인 통찰과 예리한 분석을 제공합니다.

투자 경험이 상대적으로 적은 초기 단계의 투자자는 이 두 권의 책을 통해 시장 사이클, 거시경제, 리스크와 보상에 대해 폭넓게 생각하는 통찰을 얻을 수 있습니다. 단순히 몇 개의 종목에만 투자한다고 하더라도, 시장에 대한 폭넓은 시각과 통찰력에 기반한 고차원적 사고는 투자를 처음 시작하는 분들에게 큰 도움이 될 것입니다.

## 워런 버핏: 훌륭한 기업을 발굴하고 오래 보유하라

'오마하의 현인'으로 알려진 워런 버핏은 세계에서 가장 성공적인 가치 투자자로 꼽힙니다. 1930년 네브래스카주 오마하에서 태어난 그는 현재 93세의 고령임에도 여전히 활발한 투자 활동을 이어가고 있습니다. 그는 자신이 태어난 오마하에서 사업을 운영하고 있지만 전세계를 대상으로 투자 활동을 하고 있으며, 2023년 4월에는 일본 종합상사에 투자하기 위해 직접 일본을 방문하기도 했습니다. 그는 여전히 신체적으로 활발하고 투자 마인드도 뛰어납니다. 투자뿐만 아니라 자신의 라이프 스타일에서도 독특한 관점을 가진 겸손하고 매력적인 성품의 소유자입니다. 그의 식습관에 대한 흥미로운 사실을 소개하자면, 그는 여전히 맥도날드 햄버거와 콜라를 즐겨 먹습니다. 두 회사의 주식은 그가 커리어의 대부분 기간에 걸쳐 보유했죠.

그는 자선가이기도 합니다. 자녀들이 자기 재산에 의존하는 것을 원하지 않는 그는 자녀들에게는 각각 1억 달러를 남겨주고(저는 1억 달러도 자녀들의 의존성을 키울 수 있다고 생각하지만요), 모든 재산을 자선단체에 기부할 계획이라고 밝혔습니다. 그가 보유한 자산 가치는 대략 1,250억 달러로 추정됩니다.

그는 미국 주식 시장이 강세를 보이기 시작한 1960년대에 커리어를 시작했습니다. 그는 당시의 자신에 대해 현명했다기보다는 운이 좋았다고 말하지만, 그가 해자 투자(moat investing)를 통해 일반적인 시장을 능가하는 성과를 거둔 것은 분명한 사실입니다. 그는 투자에 접근할 때 거시경제학이나 톱다운(top down) 방식을 적용하는 전략을 신뢰하지 않습니다. 단순히 회사 재무 데이터를 보고 프랜차이즈의 독특성, 해당 기업이 보유한 해자의 경제적 잠재력을 파악합니다. 또한 장기적인 관점에서 중요하게 작용할 새로운 테마를 식별하는 예리한 능력을 갖추고 있으며, 그런 테마를 식별한 후에는 그 테마로부터 이익을 볼 수 있는 우수한 기업을 찾기 시작합니다.

그는 막대한 현금 유입을 창출하는 주요 보험 회사와 소매 프랜차이즈를 소유하고 있습니다. 수십 년 전에는 교통을 테마로 인식하고 철도 회사에 대한 투자를 단행했고, 최근에는 에너지와 가스를 중요한 원자재로 파악하고 이들 종목에 대한 투자를 확대했습니다. 저는 에너지와 가스가 향후 10년을 이끌 테마로 떠오르고 있다는 그의 견해에 동의합니다. 사실 저는 개인적으로 모든 원자재의 가치가 상승할 것으로 생각합니다.

가치 평가를 중요한 기준으로 삼는 그의 보텀업(bottom-up) 접근 방식에는 톱다운 접근 방식의 요소도 내재해 있습니다. 주식의 가치 평가가 극단적으로 높아지기 시작하면 그는 주식을 매수하지 않고 자신의 본래 성향에 따라 현금 보유를 늘려가는 전략을 취할 것입니다. 그는 주식을 평가할 때 보텀업 가치 평가 기법을 사용하면서도 거시경제적 측면을 고려하며, 이런 점에서 거시경제적 측면에 대한 고려는 그의 투자 전략에 내재한 것이라고 할 수 있습니다.

◘ 워런 버핏의 주요 투자

| 주식명 | 매수 연도 | 세전이익 기준 주가 P/E |
|---|---|---|
| 코카콜라 | 1988-1989 | 10.1× |
| 아메리칸 익스프레스 | 1994 | 6.9× |
| 월마트 | 2005 | 10.3-12.9× |
| 웰스 파고(Wells Fargo) | 2005 | 9× |
| U.S. 뱅코프(U.S.Bancorp) | 2005 | 9.1× |
| U.S. 뱅코프(U.S.Bancorp) | 2006-2007 | 7.4-9.5× |
| 벌링턴 노던(Burlington Northern) | 2007 | 9.5× |
| 벌링턴 노던(Burlington Northern) | 2010 | 10.3× |
| 루브리졸(Lubrizol) | 2009 | 9.3× |
| IBM | 2011 | 9.7× |
| 프리시전 캐스트파츠(Precision Castparts) | 2015 | 14.6× |
| 애플 | 2016 | 9.3× |
| 애플 | 2017 | 9.3-14.1× |
| 애플 | 2018 | 9.6-14.8× |

버핏은 투자에는 '스트라이크'라는 것이 없다고 말합니다. 스트라이크는 타자가 스윙을 했으나 공을 치지 못했을 때만 발생하는 것입니다. 타석에 들어서면 투수가 던진 모든 공에 신경을 써서는 안 되며, 좋은 공에 스윙하지 않았다고 후회해서도 안 됩니다. 다시 말해 모든 주식이나 기타 투자 기회에 대해 의견을 가질 필요는 없으며, 내가 선택하지 않은 주식이 급등한다고 해서 기분 나빠할 필요도 없습니다. 그는 배트는 인생을 통틀어서 몇십 개의 공에만 휘둘러야 한다고 말하며, 그 몇 번의 스윙이 안타가 되도록 주의 깊게 준비하고 분석하라고 조언합니다.

그는 수십 년 동안 장기 투자자로서 쌓은 지혜가 담긴 수많은 명언을 남겼습니다. 투자에 대한 버핏의 지혜와 철학을 평가하는 것과 별개로, 그의 연례 주주 서한은 훌륭한 통찰력을 제공하는 자료이자 훌륭한 비즈니스 문헌입니다. 《워런 버핏의 주주 서한》이라는 책은 버핏의 연례 주주 서한을 모아서 편집한 것으로, 훌륭한 기업을 발굴하고 투자할 때의 함정에 대한 버핏의 생각을 엿볼 수 있습니다. 이 책을 간단히 줄이기는 어렵지만, 이 책은 주식을 선택하는 방법에 관심이 많은 이들에게 매우 유용한 자료입니다. 버핏은 투자에 관심이 있는 사람들을 위해 많은 책을 썼지만 이보다 흥미로운 책은 없을 것입니다.

덧붙여 버핏의 책은 아니지만, 맥킨지에서 가치 평가에 관해 발간한 《기업 가치 평가(Measuring and Managing the Value of Companies)》는 가치 평가 방법과 재무제표의 주요 항목을 깊이 이해할 수 있게 해주는 좋은 책입니다. 이 책은 개인 투자자의 관점에서 주식 가치를 평가하는 방법을 배우고 싶어 하는 이들에게 좋은 읽을거리이며, 기업의 건전성을 증진하고 가치를 창출하는 방법을 알려줍니다. 매크로 관리자에게는 그다지 흥미롭지 않겠지만 종목 선정자(stock picker)로 성장하고자 하는 분들에게는 좋은 책입니다.

## 스탠리 드러켄밀러: 시장 앞에 늘 겸손하라

스탠리 드러켄밀러의 강연도 저에게는 흥미롭습니다. 저는 그의 책을 읽어본 적은 없지만 그의 강연을 많이 접했습니다. 그는 아마도 1990년대의 1세대 헤지펀드 매니저 중 가장 유명한 투자자일 것입니다. 그는 재산 중 약 10억 달러(총자산이 약 65억 달러로 추정되므로 10억 달러는 의미 있는 금액입니다)를 자선단체에 기부한 자선가로도 유명합니다.

조지 소로스의 CIO였던 그는 1992년 영란은행이 영국 파운드화를 공매도했을 때 퀀텀 펀드를 운용하면서 영란은행을 굴복시켜 10억 달러 이상의 수익을 올린 '검은 수요일' 사건으로 명성을 얻게 됐습니다. 당시 드러켄밀러와 그의 동료들은 영란은행이 파운드화를 지탱할 수 있을 만큼 충분한 외환을 보유하고 있지 않으며, 금리를 인상하는 것은 정치적으로 지속 가능하지 않다고 판단했습니다. 하지만 이후 기술주 투자에 실패해 큰 손실을 봤고, 2000년에 소로스를 떠났습니다.

그는 강연에서 한창 닷컴 버블에 휩싸였던 시기에 자신이 범한 실수에 대한 이야기를 들려주었습니다. 그는 1998년에 기술주 숏 포지션으로 큰 손실을 본 후, 1999년에 숏 포지션을 청산하고 기술주 롱 포지션으로 전환했습니다. 그 후 잠시 수익을 올렸지만 롱 포지션을 확대하다가 2000년 기술주 폭락으로 결국 더 큰 손실을 보게 됐습니다. 그는 강연에서 자신이 실수로부터 배운 겸손과 이런 실수가 자신의 사고방식을 어떻게 바꾸었는지 회고합니다. 그가 자신의 실수와 그로 인한 교훈을 겸손하게 받아들이는 순간은 매우 감동적이었습니다. 그는 항상 겸손의 필요성을 스스로 상기했다고 역설합니다.

저는 이런 태도가 그를 더욱 강력한 투자자로 성장시킨 요인이라고 확신합니다. 사실 그는 늘 스스로 겸손을 주문한다고 말할 필요조차 없었습니다. 그 말의 진실성을 지난 수년 동안 직접 보여주었기 때문입니다. 그는 매우 민첩하고 포용적인 투자자이며, 그의 견해를 듣는 것은 늘 흥미롭습니다.

유튜브가 보편화됨에 따라 우리가 관심 갖는 사람들과 연락하고 소통하기가 더욱 쉬워졌고, 드러켄밀러도 그런 사람들 중의 하나입니다. 그는 포트폴리오를 관리할 때 고위험 자산에 집중하던 구식 헤지펀드 투자자입니다. 그의 접근 방식은 사람들이 따라서는 안 되는 것이며, 버핏이나 막스와 비교할 때 매우 단기적인 매매 스타일입니다. 그렇다고 해서 그가 장기적인 전략적 사고를 하지 않는다는 의미는 아닙니다. 그는 현재 미국의 재정적 기강이 해이해지는 현상을 우려하면서 미국의 재정 및 통화정책과 관리에 대해 비판하고 있습니다. 이런 우려와 비판은 그와 대면으로 진행된 대담을 통해서 우리 모두에게 분명하게 전달될 뿐 아니라 온라인을 통해서도 전파되고 있습니다.

이런 그의 견해가 담긴 최근의 유튜브 동영상으로 〈Stan Druckenmiller | Annual investment conference 2023 | Norges Bank Investment Management〉가 있습니다. 이 콘퍼런스에서 그는 자신의 견해를 거침없이 설파합니다. 45년이라는 세월 동안 자산을 관리해온 만큼 월스트리트의 거물들을 잘 알고 시장을 움직이는 요인을 이해하는 그의 경험과 지혜는 주목할 만한 가치가 있습니다. 그는 이렇게 말합니다. "아직 일어나지 않은 일이 앞으로 일어나지 않을 일을 의미하는 것은 아니다."

드러켄밀러는 특히 조 바이든 행정부의 무책임한 재정 운용과 너무 쉽게 은행을 구제해줌으로써 무책임한 투자자들에게 아무런 페널티도 주지 않은 Fed의 제롬 파월 의장의 결단력 부족에 큰 우려를 표명했습니다. 이처럼 무책임한 리스크를 취한 사람들을 구제하는 행동은 미국 경제에 더 큰 심리적 영향을 미칠 것입니다. 그는 이런 도덕적 해이가 12년간의 양적완화 정책 탓에 이미 고착화됐다고 지적합니다. 이런 정책으로 2023년의 경기 침체를 늦추는 데는 성공했을지 모릅니다. 하지만 그는 (지난 50년 동안의 경제 데이터를 지켜본 결과) 이런

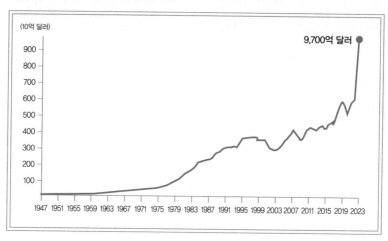

**급증하는 미 연방 정부의 국채 이자**

(10억 달러)

9,700억 달러 ●

900
800
700
600
500
400
300
200
100

1947 1951 1955 1959 1963 1967 1971 1975 1979 1983 1987 1991 1995 1999 2003 2007 2011 2015 2019 2023

자료: 미 경제분석국(BEA)

정책이 언젠가는 더 깊은 경기 침체로 이어질 가능성이 크다고 생각합니다.

우리는 모두 12년간의 양적완화 이후 1970년대 이래 볼 수 없었던 큰 인플레이션이 나타나고 그 뒤를 이어 18개월이라는 짧은 기간에 5.5%라는 사상 최대의 금리 인상이 이루어진 현재 상황을 보다 정확하게 이해해야 합니다. 주식을 단순히 장기 보유하면서 문제가 생겼을 때 정부에서 구제해줄 것으로 생각하는 사람들이 있습니다. 이들에게 제가 해줄 수 있는 조언은 '똑똑한 것보다 운 좋은 것이 낫다'라는 말도 있지만 '어리석음이 가장 큰 죄'라는 말도 있다는 것입니다.

사실 저는 바이든의 재정 확대 정책과 투자자를 모든 위기에서 구원하려는 파월의 조급한 충동이 계속되리라고 믿기 때문에 TLT에 대한 장기 투자 전략을 유지하고 있습니다. 하지만 우리는 경기 침체는 불가피한 일이고, 지금의 정책은 그 불가피한 일을 미루고 있을 뿐임을 알고 있습니다. 그것이 드러켄밀러가 장기 채권을 보유하고 싶어 하지 않는 이유입니다. 드러켄밀러에게는 파월이 인플레이션을 충분히 낮추지 않을 것이라는 불신이 있습니다. 그는 파월이 금리를 급격하게 인하하려는 충동에 사로잡힐 것이고, 이는 재차 급등하는 인플레이션과 최악의 경우 스태그플레이션으로 이어질 것으로 전망합니다. 경기 침체를 맞이해야 하는 우리로서는 무서운 전망이 아닐 수 없습니다. 이 시나리오가 실현된다면 우리는 제2의 글로벌 금융위기를 경험하게 될 것입니다. 파월에 대한 그의 생각이 틀렸기를 바랍니다. 하지만 일단 바이든에 대한 그의 주장이 틀리지는 않은 것 같아 두렵습니다.

## 지정학 분야의 대가, 피터 자이한과 조지 프리드먼

지정학에 관해서는 피터 자이한이 저술한 두 권의 책 《21세기 미국의 패권과 지정학》, 《붕괴하는 세계와 인구학》을 추천합니다. 피터 자이한은 미국이 모든 것이고 가장 중요하다는 견해를 펼치지만, 이는 다소 지나친 감이 있습니다. '미국이 모든 것'이라는 관점을 뛰어넘는다면, 이 책에는 세계 권력과 정치에서 우리가 인식해야 할 문제가 무엇인지에 대한 훌륭한 통찰이 담겨 있습니다. 이런 통찰이 저에게는 매우 흥미롭게 다가왔습니다. 그리고 그의 스토리텔링 능력은 이 책을 읽는 것 자체를 흥미로운 경험으로 만들어줍니다.

먼저 《21세기 미국의 패권과 지정학》 전반부에서는 지리와 인류 정착의 역사, 전 세계에서 벌어지는 일들의 정치적 측면을 비롯해 특정 문명이 왜 당대의 강대국이 됐는지에 대해 이야기합니다. 그는 고대 이집트를 필두로 역사 강의를 시작하여 훌륭한 스토리텔링 능력으로 이야기를 풀어가면서 역사 강의를 진행합니다.

후반부에서는 앞서 배운 내용을 집중적으로 살펴보고 이를 미국에 적용하여 미국이 세계적으로 역사상 가장 강력한 국가로 부상한 과정을 설명합니다. 또한 교통이 상업적인 측면에서 매우 중요한 요소인 오늘날에도 해군의 힘이 여전히 중요한 이유와 미국이 지리부터 사회구조에 이르기까지 여러 방면에서 축복받은 나라인 이유를 설명합니다. 또한 주요 국가 간의 상업 관계를 규율하기 위해 수립된 브레턴우즈 통화 관리 체제를 통해 국제 질서가 발전한 과정도 다룹니다. 이어 미래의 향방을 결정할 중요한 두 측면인 인구 구조와 원자재에 대해 다룹니다. 나아가 미국이 에너지 자립을 통해 궁극적으로 다른 나라에 대한 의존성에서 벗어나고 다른 나라 없이도 패권을 유지할 수 있는 이유를 설명합니다. 시온주의적 견해가 강하게 드러나는 대목입니다.

그러나 그의 편견을 넘어서서 볼 때, 그의 견해는 미국 패권의 중요성을 보여주며 이런 견해는 어느 정도 옳아 보입니다. 이에 따라 브레턴우즈 체제는 약화하고 미국은 향후 수십 년 동안 계속해서 유일한 패권 국가가 될 것입니다. 《21세기 미국의 패권과 지정학》은 투자에서 미국에 대한 구조적 비중 확대가 필요한 이유를 이해하는 데 도움을 주는 책입니다. 향후 수십 년 동안 긴장이 고조되고 탈세계화가 진행됨에 따라 지정학적 측면에서 예상되는 일들을 통찰력 있게 제시합니다.

《붕괴하는 세계와 인구학》은 변화하는 세계에 대해 관심 있는 투자자들 사이에서 2022년에 가장 많이 언급된 책으로, 역사가 새로운 지정학적 단계로 나아가고 있다는 내용을 담고 있습니다. 특히 40년간 '세계화'로 대변되는 평화로운 세계 질서 속에서 경제를 성장시킨 한국은 그 변화의 폭이 더욱 클 것입니다. 이 책은 이런 세계 질서의 마지막 단계에 접어들어 향후 30~40년 동안 이전과 다른 상황이 펼쳐질 것으로 예상되는 지금, 우리가 기대할 수 있는 것이 무엇인지 고찰하기 위해 읽어볼 만한 좋은 책입니다. 한국이 경제 번영과 국방 안보를 미국에 의존하면서 중국과도 경제적으로 협력해왔다면, 중국이 이제 한국에 군사적 위험이 될 수 있는 지금의 상황에서 한국이 나아가야 할 방향을 모색하는 사람이라면 반드시 읽어봐야 할 책입니다.

자이한은 국가와 지역이 스스로 이익을 창출하고 스스로 식량을 생산하며 에너지를 확보해야만 하는 미래의 세계 질서를 제시합니다. 다가올 세계 질서 속에서 가장 중요한 것은 적대적인 세력으로부터 이런 자원을 보호해야 한다는 것입니다. 따라서 탈세계화된 새로운 세계에서는 연합하고 함께 뭉쳐야 하는 국가 그룹의 등장이 예견됩니다. 이 책은 여러 국가가 서로 어떻게 연결되어 있으며, 그 연결이 끊어지면 얼마나 혼란스러운 상황이 발생할 수 있는지를 상세하게 설명합니다. 이런 미래 전망은 다소 어둡고 우울하게 느껴질 수 있지만, 중요한 것은 그 가능성을 인식하는 것입니다.

제가 흥미롭게 읽은 세 번째 책은 또 한 명의 지정학 분석가인 조지 프리드먼의 《100년 후》입니다. 이 책에서는 역사는 반복되지 않을지라도 일정한 패턴을 보인다는 점이 강조되며, 프리드먼은 오랜 역사 속에 나타난 지정학적 패턴을 살펴봄으로써 100년 후의 세계를 예측하려고 시도합니다. 이 책은 역사를 바라보는 매우 독창적인 관점을 제시하며, 세계 질서의 역사를 이해하고 미래를 내다보고자 하는 사람들이 읽기에 좋습니다. 이미 2009년에 분열된 세계 질서 속에서 미국이 차지하는 우월적 지위, 중국 및 러시아와의 긴장 관계, 그리고 향후 발생 가능한 기술과 문화의 변화를 깊이 있게 저술했습니다.

# 말콤 글래드웰: 자신의 한계를 인식하고 끊임없이 계발하라

자기 계발에 관한 책을 읽는 것도 중요합니다. 인간으로서 결정을 내릴 때, 우리는 자기 자신과 자신의 한계를 인식하는 것이 중요합니다. 저는 말콤 글래드웰이 쓴 책들을 즐겨 읽었습니다. 어떤 작가의 책보다도 그의 책을 더 많이 읽었을 것입니다. 그중에서도 제가 특히 좋아하는 책은 《아웃라이어》, 《블링크》, 《티핑 포인트》, 《다윗과 골리앗》입니다.

《아웃라이어》는 평범한 사람들이 하는 일을 넘어서는, 뛰어난 성과와 업적을 성취하는 개인에 관한 이야기입니다. 말콤은 최고와 평범함을 구분하여 최고가 성공의 정점에 도달할 수 있게 해주는 비밀을 설명합니다. 이 책의 전반부에서는 성공한 사람들의 삶에서 어떻게 기회가 노력이나 타고난 재능보다 더 중요한 성공 요인으로 작용하는지 살펴봅니다. 그리고 후반부에서는 문화적 유산, 즉 조상 대대로 내려오는 문화적 역사에 뿌리를 둔 행동 경향에 초점을 맞춥니다.

《블링크》의 저술 목적은 세 가지입니다. 첫째는 빠르게 내린 결정이 신중하고 주도면밀하게 내린 결정만큼 좋을 수 있음을 보여주는 것입니다. 이를 위해 말콤은 수년간의 경험을 통해 직관적 감각을 기른 전문가의 직관적 결정이 좋은 결정으로 판명된 사례를 제시합니다. 둘째는 직관을 언제 믿어야 하고, 언제 의심해야 하는지 판단하도록 도 와주는 것입니다. 직관은 성공적인 사람들도 잘못된 결정으로 유도 할 수 있기 때문입니다. 셋째는 순발력 있는 판단과 첫눈에 상황을 평 가하고 결정을 내리는 능력은 교육으로 기를 수 있으며 제어할 수 있 음을 보여주는 것입니다. 우리가 추구해야 할 최종 목표는 경험을 최 대한 활용하여 최선의 결과로 인도하는 결정을 내리는 능력을 키우는 것입니다. 이런 결정 능력은 투자자에게 매우 중요합니다. 자신의 결 정을 신뢰하되 내가 틀렸다면 어떻게 해야 할지 항상 자문하고, 자신 과 다른 의견을 가진 사람들을 찾아내 최선의 결과를 위해 자신의 결 정을 끊임없이 개선해나가야 합니다. 투자에는 자존심이 설 자리가 없습니다. 자신감을 갖되 겸손한 자세도 잃지 말아야 합니다.

《티핑 포인트》는 새로운 아이디어가 주는 힘과 즐거움을 열정적으 로 좇는 지적 모험에 관한 이야기입니다. 무엇보다도 이 책은 변화를 위해 나아가야 할 길을 제시하면서, 상상력이 풍부한 한 사람의 작은 행동이 세상을 움직일 수 있다는 매우 희망적인 메시지를 담고 있습 니다. 이 책은 기회의 땅인 미국에 관한 이야기이자, 현실로 이루어지 고 세상을 변화시킬 수 있는 한 사람의 아이디어에 관한 이야기이기 도 합니다. 오늘날의 관점에서는 작은 변화가 쌓여 어느 순간에 찾아 오는 기술 혁신에 관한 이야기라고 할 수 있습니다.

언더독(underdog)이란 일반적으로 패배할 것으로 예상되는 사람으 로, 모든 것이 자신에게 불리한 상황에 있는 사람을 말합니다. 말콤 글래드웰의 책《다윗과 골리앗》은 스타트업이나 중소기업과 같은 약자가 자신에게 불리한 상황에서도 승리하는 이유와 독자가 어떻게 하면 자신의 일, 회사, 인생에서 다윗과 같은 승리를 거둘 수 있는지를 설명합니다. 기업가의 길을 나선 많은 젊은이에게 큰 도움이 될 것입니다.

## 처세에 도움이 되는 그 밖의 추천 도서

앤서니 K. 찬이 쓴《승자의 본질》은 기업가가 읽기에 쉽고 재미있는 책입니다. 이 책은 우리가 자신의 자질을 성찰하고 자신의 역량을 더 잘 인식할 수 있도록 도와주며, 장점은 더 크게 키우고 개선할 점은 고쳐나갈 방법을 제시합니다. 빠르고 재미있게 읽을 수 있다는 점도 덧붙이겠습니다. 이 책은 성공을 위해 필요한 네 가지 요소를 분석하면서 우리에게 내재한 장점을 활용하여 성공적인 삶을 준비하는 방법을 안내합니다.

저는 전 세계의 다양한 국가와 문화를 경험하면서 자랐고, 경력 대부분을 트레이딩 플로어에서 보낸 사람으로서 정치에는 별 소질이 없습니다. 그런 제가 보험 회사로 이직하면서 시니어 직책을 맡게 된 적이 있습니다. 이 직책은 제가 미국 재계에서 맡은 첫 번째 시니어 직책이었는데, 당시 저에게는 매우 전통적인 미국 재계 문화에서 성공하는 데 필요한 '다른 역량(사내 정치 및 상급자 관리 능력)'이 부족했습니다. 미국의 대기업에서 성공하기 위해서는 기본적인 투자 및 비즈니스 역량 이상의 역량이 필요했는데 그것이 부족했던 거죠. 그런 점에서 이 책은 대기업 문화에서 일하는 사람뿐만 아니라 복잡한 사회구조에 속한 사람이라면 반드시 읽어야 할 책입니다. 이 책은 제가 미국 재계에서 난관을 헤쳐가는 방법을 이해하는 데 도움이 된 많은 책 중 첫 번째 책이었습니다.

마티 셸드먼이 쓴 《전문가로서 살아남기(Survival of the savvy)》는 어떤 대규모 조직에서든 정치는 불가피한 현실이라는 것을 이해하는 데 도움이 되는 좋은 책이었습니다. 하지만 이 책이 밝히는 바와 같이 성공이라는 게임을 정복하기 위해 윤리와 진실함을 버릴 필요는 없습니다. 도달해야 할 지점을 고수할 수는 있지만, A 지점에서 B 지점으로 가는 길은 결코 직선이 아니며 정답과 좋은 결과를 얻기 위해서는 몇 가지 게임을 해야 할 수도 있습니다. 목적을 잃어서는 안 됩니다. 저의 사내 정치 역량은 이전보다는 나아졌지만 아직 대단하지는 않습니다. 저는 항상 제 생각을 솔직하게 표현하고 제가 지닌 가치와 신념에 따라 행동하려고 하니까요. 하지만 이 책을 읽은 덕분에 더 나아진 것은 분명합니다. 이 책은 재미있으면서도 영감으로 가득합니다.

그리고 제가 읽으면서 즐거움을 느꼈던 미치 앨봄과 모리 슈워츠의 공저 《모리와 함께한 화요일》을 소개하고 싶습니다. 저자인 미치의 멘토이자 선생님이었던 모리의 삶과 그의 성찰을 담은 실화에 기반한 책입니다. 미치는 16년 동안 만나지 못했던 모리가 루게릭병을 앓고 있는 걸 알게 됩니다. 그리고 모리가 생을 마감할 때까지 매주 화요일마다 그를 찾아갑니다. 이 책은 죽어가는 사람에 관한 책이 아닙니다. 함께 사회에 몸담은 서로에 대한 사랑의 힘과 삶의 교훈을 담고 있습니다. 이 책은 멘토인 모리로부터 삶의 마지막에 대해 듣게 되는 멘티 미치의 자기 발견 여정을 적은 글이기도 합니다.

저는 이 책을 2005년 웨스턴에셋이란 곳에서 일하다 떠날 때 같이 일하던 팀원으로부터 선물 받았습니다. 당시 저는 30대 중반이었고, 하루 12시간씩 일했었죠. 저는 이 책을 선물해준 팀원이 제 일과 생활의 균형에 대해 걱정하고 있다는 것을 느꼈습니다. 사실 저는 제 마음 속 깊은 곳에 개인적인 시간이나 가족과 함께 보내는 시간이 부족했던 것에 대해 작은 후회가 있었습니다. 물론 팀, 회사 그리고 개인적으로 제가 누구인지를 끊임없이 개선하기 위해 일해온 시간 역시 보람 찼다고 생각합니다. 제가 이 책에서 얻은 것은 일과 삶 중에 어떤 것을 택하는 것이 더 좋거나 나쁘다는 것이 아닙니다. 제가 깨달은 것은 목표를 설정하고 그걸 달성하기 위해 열심히 노력하고, 그렇게 얻은 결과에 만족하는 것이 삶을 가장 잘 즐기면서 살아가는 방법이라는 것입니다. 시간은 소중하고 항상 부족합니다. 그러므로 매일 자신이 한 일이나 하지 못한 일에 대해 후회하지 않고, 스스로 만족하는 것이 중요합니다. 원하는 것을 모두 이룰 순 없다는 사실을 아는 것도 중요하지만, 스스로 만족하고 성취하기 위해 우선순위를 정하는 것도 매우 중요하다고 생각합니다.

이 책에는 함께 사는 사회 안에서 서로 사랑해야 한다는 메시지가 담겨 있다고 생각합니다. 그래야만 우리는 사회의 진정한 일원이 되고 완벽해질 수 있습니다. 또한 삶을 소중히 여기고, 작은 것에 감사함을 느끼고 매 순간 열심히 살아야 한다는 메시지 역시 지니고 있습니다. 가장 중요한 메시지는 당신이 어떤 위치에 있든 있는 그대로 받아들이고, 감사하며, 인생이 주는 것을 즐기라는 것입니다. 이 책의 결말을 통해 슬픈 감정도 느꼈습니다만, 그걸 통해 의미 있고 목적 있는 삶의 중요성, 그리고 '사랑의 힘'이 중요하다는 것 역시 알게 된 소중한 책입니다.

그 밖에 짐 콜린스가 쓴《좋은 기업을 넘어 위대한 기업으로》, 마틴 포드가 쓴《로봇의 부상》, 피터 번스타인이 쓴《리스크》, 에드워드 D. 헤스와 캐서린 루드위그가 공저한《미래를 준비하는 인간》, 폴 리드가 쓴《마지막 사자, 윈스턴 처칠(The Last Lion: Winston Spencer Churchill)》 등을 꼭 읽어보라고 말씀드리고 싶습니다.

뉴욕 주식 시장 빅샷들이 찾은 금융 투자의 해법

# 윤제성의 월가의 투자

제1판 1쇄 인쇄 | 2023년 10월 19일
제1판 1쇄 발행 | 2023년 10월 25일

지은이 | 윤제성·김현석
펴낸이 | 김수언
펴낸곳 | 한국경제신문 한경BP
책임편집 | 노민정
교정교열 | 공순례
저작권 | 백상아
홍 보 | 서은실·이여진·박도현
마케팅 | 김규형·정우연
디자인 | 권석중
본문디자인 | 디자인 현

주 소 | 서울특별시 중구 청파로 463
기획출판팀 | 02-3604-590, 584
영업마케팅팀 | 02-3604-595, 562  FAX | 02-3604-599
H | http://bp.hankyung.com  E | bp@hankyung.com
F | www.facebook.com/hankyungbp
등 록 | 제2-315(1967. 5. 15)

ISBN 978-89-475-4921-9  03320